D1150244

Talking Business Spanish

(G)NVQ Edition
Juan Kattán-Ibarra and Tim Connell

Stanley Thornes (Publishers) Ltd

Acknowledgements

The authors and publishers wish to thank the following for permission to use material:

Barnaby's Picture Library for the photos on pp. 51 (top), 53 (top), 71 (bottom), 77, 107
Cambio 16 for the extracts on pp. 97, 152–3
Camera Press for the photo on p. 49
Luis Carrasco for the photo on p. 128
J. Allan Cash for the photos on pp. 7, 21, 35, 51 (bottom), 57 (bottom), 64, 65, 66, 84, 85 (top), 86, 106, 112, 123, 125, 153, 160, 162
Iberia Airlines of Spain for the photos on pp. 72, 76
*Keytel International (UK) Ltd. for the photo on p. 102
Patricio Lazcano for the photo on p. 115
Juan Luzzi for the photo on p. 15
Mexican Ministry of Tourism for the photos on pp. 29, 90, 115 (top right)
El País for the extract on p. 98
Petróleos de Venezuela (UK) S.A. for the extracts on pp. 142–3
Spanish National Tourist Office for the photos on pp. 5, 11, 12, 18, 25, 57 (middle), 62, 71 (top), 154
Wines from Spain for the photos on pp. 103, 104

Other photographs are courtesy of Juan Kattán-Ibarra

*Keytel International (UK) Ltd. 402, Edgware Road, London W2 1ED
(Tel. 071–402–8182) are the agents for all 83 Spanish paradores and bookings can be arranged through their London office.

First published in 1992
Reprinted 1994
Reprinted 1995

(G)NVQ Edition published 1995 by:
Stanley Thornes (Publishers) Ltd
Ellenborough House
Wellington Street
Cheltenham
Glos.
GL50 1YW

96 97 98 99 00 / 10 9 8 7 6 5 4 3

A catalogue record for this book is available from the British Library.

ISBN 0 7487 2118 5

Typeset by Tech-Set, Gateshead, Tyne & Wear
Printed and bound in Great Britain at Redwood Books, Trowbridge, Wiltshire

Contents

TALKING BUSINESS SPANISH NVQ TABLE

Unit 1	Level 1	Level 2
Comp p7	L1.1	
Ex7 p10	S1.1	
Ex8 p11	R1.1	
Ex9 p11	W1.1	
Consol p11	S1.1	

Unit 2	Level 1	Level 2
Comp p18	L1.1	
Ex5 p21	S1.1	
Ex6 p21	R1.1	
Ex7 p21	W1.1	
Consol p22	W1.1	

Unit 3	Level 1	Level 2
Comp1 p30	R1.1	
Comp2 pp30/31	L1.1	
Ex8 p33	W1.1	
Ex9 p33	S1.1	
Ex10 p33	R1.1	
Consol p34	W1.1	

Unit 4	Level 1	Level 2
Comp1 p43	L1.1	
Comp2 p44	R1.1	
Ex6 p47	S1.2	
Ex7 p47	R1.1	
Ex8 p47	W1.1	
Consol p48	S1.2	

Unit 5	Level 1	Level 2
Comp1 p56	S1.2	R2.1
Comp2 p57		
Ex5 p60	S1.3	
Ex6 p60	R1.1	
Ex7 p60	W1.1	
Consol p61	S1.2	

Unit 6	Level 1	Level 2
Comp1 p70		L2.2
Comp2 p71		R2.1
Ex7 p75		S2.2
Ex8 p75		W2.1
Ex9 p76		R2.1
Consol p77		S2.1

Unit 7	Level 1	Level 2
Comp1 p84		L2.2
Comp2 p84		R2.1
Ex7 p88	S1.1	
Ex8 p88	W1.1	
Ex9 p88		R2.1
Consol p89		S2.1

Unit 8	Level 1	Level 2
Comp1 p97		L2.1
Comp2 p97		R2.1
Ex4 p101		S2.3
Ex5 p101		W2.2
Ex6 p101		R2.1
Consol p103	S1.2	

Unit 9	Level 1	Level 2
Comp1 p113		L2.1
Comp2 p114		R2.1
Ex7 p118		S2.4
Ex8 p118		W2.2
Ex9 p118		R2.1
Consol p120		S2.3

Unit 10	Level 1	Level 2
Comp1 p127		L2.2
Comp2 p128		R2.1
Ex5 p132		S2.3
Ex6 p132		R2.2
Ex7 p133		W2.1
Consol p133	S1.1	

Unit 11	Level 1	Level 2
Comp1 (1) p141		L2.1
Comp1 (2) p142		L2.1
Comp2 p142		R2.1
Ex5 p145		R2.2
Ex6 p145		S2.2
Ex7 p145		W2.2
Consol p146		R2.1

Unit 12	Level 1	Level 2
Comp1 p152		L2.2
Comp2 p152		R2.1
Ex6 p156		S2.1
Ex7 p156		R2.1
Ex8 p157		W2.1
Consol p158		S2.2

Unit 13	Level 1	Level 2
Comp1 (1) p164		L2.1
Comp1 (2) p164		L2.1
Comp2 p166		R2.1
Ex5 p169		S2.1
Ex6 p169		R2.2
Ex7 p170		W2.1
Consol p171		W2.1

Introduction

How to use this course

The course has several components which are described on page x. This coursebook consists of 13 units followed by a key. The different elements of each unit are described below.

Aims
Each unit starts by outlining what you should be able to achieve by the time you have completed it. You will be able to monitor your success by means of the Consolidation and Checklist (see below) at the end of the unit.

Preparation for National Vocational Qualifications
This book is linked to the NVQ National Language Standards by regular signposting of the appropriate criteria (Listening, Speaking, Reading, Writing) suitable for Levels 1 and 2. The descriptors for these and the criteria are to be found in the Resource and Assessment File which accompanies the course, and the grid on page vi of this book indicates which exercises are to be found to illustrate and practise them. The Resource and Assessment File also contains specimen tests (see page x) although these are not intended to take the place of the formal NVQ assessments which will be conducted by accrediting bodies such as BTEC, Institute of Linguists, London Chamber of Commerce and RSA. The material here is intended to be a learning programme with testing at regular intervals to enable students to develop not only relevant skills but also to give them experience of the kind of assessment activity required by NVQ.

Time management
Time management is important in language learning as it is in general business life/affairs. You should try to organise your time in such a way as to be able to do some language learning every day. Remember that we all learn at different speeds and have different learning styles, and it is important to be realistic about the time available to you and to pace yourself accordingly. It is generally felt that short, regular and frequent bursts of study are more effective than the occasional marathon. Try to schedule a 20-minute language learning slot into your daily routine.

Study tip
A brief study tip has been included at the start of each unit. It is designed to help you find the most effective way to learn the language.

Dialogues
Each unit contains one or more dialogues which are recorded on the Presentation Cassettes. They should be listened to once or twice, without looking at the text. This gives you a feel for the sound and rhythm of the language without your being distracted by how it is spelt. Once you begin to recognise one or two words, listen again, this time with the English version (Units 1 and 2 only), in front of you. When you are ready, listen again with the Spanish version so that you can begin to see

how the words and phrases are divided. Once you feel you can understand the material, you are ready to study it more thoroughly.

Each dialogue comes in two parts: one part is the dialogue played straight through for you to listen to it, the other has pauses in it in which you can play an active role, or contains some important phrases for you to learn. The speaker on the tape will tell you in English exactly what you have to do. You will soon get the hang of it. Remember that if you feel you need time to think, don't panic; just stop your tape for a few moments.

Vocabulary, notes and key phrases
Each dialogue is accompanied by explanatory vocabulary, notes and key phrases. Any word which is not clear appears under **vocabulary**. There is always an indication of whether a word is masculine (*m*), feminine (*f*), singular (*sing*) or plural (*pl*) – or you are given the article (**el** or **la**, **un** or **una**). The **notes** are vital to understanding how the language is put together. You may want to make your own: we advise you to invest in a loose-leaf binder and to divide it up into several sections, such as vocabulary, verbs, grammar, etc. You will decide for yourself which information is important to you and how to organise it. The more active you are in your learning, the more quickly and efficiently you will learn. Language can be divided into what you need to produce (*active vocabulary*) and what you need to understand (*passive vocabulary*). Both are important, but you will find that your active vocabulary will soon be outstripped by your passive vocabulary. Try to distinguish between what is worth remembering and what is simply there as background. To help you, we have highlighted the **key phrases** of every dialogue. Concentrate on these so that you can produce them yourself, quickly and accurately.

Practice exercises
Don't skip these! Practising the new language is vital if you are studying alone. Try to devise different ways of approaching the exercises – writing down the answers, reading them out loud, trying to remember them at odd times during the day – the more senses you use while learning, the more likely your new knowledge is to stick. We give you various ideas about how to do this as you work through the course. Answers to exercises appear in the **key** at the end of the book. Note that it is only new vocabulary that you need to carry out the stipulated task that is given with the exercise. Any other new words which happen to occur, especially in listening or reading comprehensions, can be looked up in the vocabulary at the back of the book or in your Spanish dictionary.

Listening comprehension
Each unit includes at least one passage recorded on the Presentation Cassettes intended for 'gist' listening, that is, for understanding the general idea only; you are not expected to understand every word. This gives you practice in several skills: listening to native speakers at normal speed, coping with words and phrases you have not met before, sensitising yourself to accent and intonation. Listen to the passages as often as you like – the more the better! If you are really stumped, you will find a transcript at the back of the book, but don't forget that it is the general drift which is important, not each individual linguistic item.

Reading comprehension
Again, you don't need to understand everything in order to get the general idea. Try to get the broad outline first and then work down to individual words and

phrases. The practice exercises will help you to do this. Again only key new words are given to enable you to get the 'gist' of the passage. You will find that you can correctly guess the meaning of the unknown words more and more as you get used to Spanish.

Language structures
In each unit, you will find a section called **Language structures**. Here we pull together the grammatical elements of the language and present them in graphic form. Try to remember that it is only an aid, a diagram to help you build up language as you might build a kitchen cabinet.

Language progress check
This follows the Language structures section and comprises exercises designed to give practice in the language explained in the Language structures.

It will be helpful to know what certain grammatical terms mean so we've included a glossary of the most commonly used words which you may or may not be familiar with already:

- *Noun*   the name of a person or thing (*John*, the *box*, my *wife*)
- *Pronoun*   a word that replaces a noun (*I, he, it, them*)
- *Preposition*   a word that links two nouns or pronouns (we paid *with* cash, I gave it *to* you, I put sugar *in* the coffee)
- *Adjective*   a word which describes a noun (*red, beautiful, small*)
- *Verb*   a doing word (you *are*, I *look*, he *ran*)
- *Infinitive*   the name of the verb. In English it is preceded by *to*, for example, *to see, to write, to love*. In Spanish you recognise it by the ending (either **ar** as in **trabajar**, **er** as in **responder**, or **ir** as in **vivir**)
- *Tense*   the form of the verb which expresses time – future, past, or present

Pronunciation
Good pronunciation will come naturally if you listen carefully to and imitate what you hear on the cassettes. However, in each unit and on the Presentation Cassettes we have focused on one of the trickier or less obvious aspects of Spanish pronunciation to help you sound as authentic as possible.

Cultural briefing
You may have acquired language skills, but can you strike the right note? These sections are designed to give you insights into the cultural context and to supply you with essential background information on how things are done in Spanish-speaking countries.

Consolidation and checklist
At the end of each unit is a consolidation exercise which brings together a number of the most important items of the unit in a meaningful context. It is followed by a brief checklist to enable you to check quickly whether you have achieved the aims of the unit.

Key
This includes an alphabetical vocabulary, answers to exercises and transcripts of listening comprehensions.

Symbols

 When you see this symbol, you should listen to the appropriate material on the Presentation Cassettes.

Course components

Coursebook
This book, whose contents are described on pages iii–v.

Presentation cassettes 1 and 2
These are closely linked to the coursebook and contain dialogues, listening material, and pronunciation.

Consolidation cassettes 1 and 2
These contain extensive and varied additional listening and practice material based on the key phrases, vocabulary and structures introduced in the coursebook.

Resource and assessment file
Although this course is designed to be used for self-study purposes, most students will benefit greatly from even a limited amount of contact with a teacher and other language learners. The Resource and Assessment File therefore, provides notes for teachers whose students are using the *Talking Business* course, together with transcripts of the materials to be found on Presentation Cassettes 1 and 2 and Consolidation Cassettes 1 and 2. In addition there is a general introduction to Language NVQs and sample sheets for assessment. These come with notes for the tutor and specimen answers. All the material contained in this File may be photocopied on condition that copies are to be used by tutors or students in conjunction with *Talking Business Spanish* within the teaching context only.

The File is accompanied by a cassette containing the recordings of the listening comprehensions which form part of the File.

UNIT 1 Soy de Madrid

In this unit you will learn how to …

- ask someone's name and give your own name
- enquire about someone's nationality and give similar information about yourself and others
- ask people where they are from and say where you and other people are from
- ask people what work they do and talk about your own and other people's jobs.

Monumento a Cervantes, Madrid

You will hear the dialogue printed overleaf on tape: listen to it a couple of times first. Then listen again, this time looking at the English translation on page 181. When it is beginning to make sense, read through the Spanish version overleaf and listen at the same time. You will have to do this several times until you feel comfortable with the material. You will note that the second part of the recording gives you the chance to say some of the sentences yourself in the pauses.

Dialogue 1: En un congreso de negocios

🔲 At a business conference, Carlos García, a Spanish businessman, meets Ángela Rodríguez, manager of a travel firm.

Señor García	*(approaching señora Rodríguez)*
	Hola, buenas tardes.
Señora Rodríguez	Buenas tardes.
Señor García	¿Es usted la señora Rodríguez?
Señora Rodríguez	Sí, soy Ángela Rodríguez.
Señor García	Yo soy Carlos García, de Madrid.
Señora Rodríguez	Usted es el gerente de Comercial Hispana, ¿verdad?
Señor García	Sí, soy el gerente.
Señora Rodríguez	Mucho gusto.
Señor García	Encantado.

Vocabulary

hola *hello*
buenas tardes *good afternoon*
¿es usted...? *are you ...?*
la señora Rodríguez *Mrs Rodríguez*

sí *yes*
(yo) soy *I am*
de *from, of*
usted es..., ¿verdad? *you are ..., aren't you?*
el gerente *manager*

mucho gusto *pleased to meet you*
encantado *pleased to meet you*

Notes

1 **Soy Ángela Rodríguez**. *I am Ángela Rodríguez.* **Yo soy Carlos García**. *I am Carlos García.* Words like *I, you, he*, etc. are not always used in Spanish, as the verb itself is sufficient to indicate the person concerned. In the second sentence, **yo** *I* has been used for emphasis. See Language structures for further information.

2 **Encantado**. *Pleased to meet you.* A woman would say **encantada**. **Mucho gusto**, which has the same meaning, never changes.

3 When Carlos García and Ángela Rodríguez gave their names, they lisped the **c** in **García** and the **z** in **Rodríguez**. Pilar is Latin American and so does not use the lisp which most Spaniards employ for **z**, and for **c** when it precedes **e** or **i**. This is one of the most obvious differences between the Spanish of Spain and that of Latin America.

Before you hear the dialogue printed below on tape you will hear some of the key phrases recorded with their English equivalents: listen to them and the dialogue a couple of times first. Then listen again, this time looking at the English translation on page 181. When it is beginning to make sense, read through the Spanish version below and listen at the same time. You will have to do this several times until you feel comfortable with the material.

Dialogue 2: ## En el mismo congreso de negocios

At the same business conference, a new arrival is checking in at reception.

Recepcionista	Buenas tardes. ¿Cómo se llama usted?
Señor Miranda	Me llamo José Miranda.
Recepcionista	Es español, ¿verdad?
Señor Miranda	Sí, soy español.
Recepcionista	¿Es de Madrid?
Señor Miranda	No, soy de Salamanca.
Recepcionista	¿Y cuál es su profesión, por favor?
Señor Miranda	Soy el director del Banco Nacional en Salamanca.

Vocabulary

¿cómo se llama usted? *what is your name?*
me llamo José Miranda *my name is José Miranda*
es español, ¿verdad? *you are Spanish, aren't you?*
soy español *I am Spanish*

¿de Madrid? *from Madrid?*
soy de Salamanca *I am from Salamanca*
¿y cuál es su profesión? *and what is your occupation?*
por favor *please*

soy el director del Banco Nacional *I am the manager of the National Bank*
en *in*

Notes

1 **¿Cómo se llama usted?** *What is your name?* If you leave out **usted**, this question can mean what is *his/her/its name?* **Se llama** can be used as a statement meaning *your/his/her/its name is …*

2 **Es español, ¿verdad?** *You are Spanish, aren't you?* **Es español** may also mean *he/it is Spanish.* The feminine equivalent is **es española** *she is Spanish.* Notice that words of nationality in Spanish do not start with a capital letter.

3 **¿Es de Madrid?** *Are you from Madrid?* This sentence may also mean *is he/she from Madrid?* To avoid ambiguity we would need to use **usted** *you,* **él** *he* or **ella** *she,* e.g. **¿Es usted de Madrid?** *Are you from Madrid?* For more about this see Language structures.

Key phrases

Ask someone's name and give your name

¿Cómo se llama usted?	*What is your name?*
Me llamo José Miranda.	*My name is José Miranda.*
¿Es usted la señora Rodríguez?	*Are you Mrs Rodríquez?*
Soy Ángela Rodríguez.	*I am Ángela Rodríguez.*

Inquire about someone's nationality and give similar information about yourself and others

Es español, ¿verdad?	*You are Spanish, aren't you?*
Soy español.	*I am Spanish.*
Es español.	*He is Spanish.*

Ask people where they are from and say where you and other people are from

¿Es de Madrid?	*Are you from Madrid?*
Soy de Salamanca.	*I am from Salamanca.*
Es de Salamanca.	*He/she is from Salamanca.*

Ask people what work they do and talk about your own and other people's jobs

¿Cuál es su profesión?	*What is your profession?*
Soy el director del Banco Nacional.	*I am the manager of the Banco Nacional.*
Es el gerente de Comercial Hispana.	*He is the manager of Comercial Hispana.*

Exercise 1

Read this exchange from Dialogue 1.

Señor García	¿Es usted la señora Rodríguez?
Señora Rodríguez	Soy Ángela Rodríguez.
Señor García	Yo soy Carlos García, de Madrid.

You are at a business conference and you spot a couple of people you seem to know. First, you approach **a)** señor Julio Salinas, then **b)** señorita Margarita Contreras. Use these names to make up conversations similar to the one above. Don't forget to say who you are!

Exercise 2

Here is another exchange from Dialogue 1.

Señora Rodríguez	Usted es el gerente de Comercial Hispana, ¿verdad?
Señor García	Sí, soy el gerente.

You seem to remember señor Salinas is the personnel manager (**el jefe de personal**) of Vital S.A. (**Sociedad Anónima** *Co. Ltd* or *plc*) and señorita Contreras the director (**la directora**) of Aerohispania. What questions would you ask to confirm this, and what would the replies be?

Exercise 3	Your company has advertised a job for which a Spanish speaker is required. Study this information sent by one of the applicants and answer the questions which follow. You should be able to do it without looking at the vocabulary.

Nombre: *María Teresa*

Apellidos *Morales Ugarte*

Nacionalidad *Española*

Ciudad y país *Burgos, España*

Profesión *Economista*

Burgos

1 What is the applicant's first name?
2 What is her surname?
3 What is her nationality?
4 What city and country is she from?
5 What is her profession?

Vocabulary

el nombre *name*
el apellido *surname*

la nacionalidad *nationality*
la ciudad *city*

el país *country*
el/la economista *economist*

Exercise 4	Study this personal information.

1 Me llamo Carlos García, soy de Madrid. Soy el gerente de Comercial Hispana.
2 Me llamo Ángela Rodríguez, soy española, soy de Valladolid. Soy la gerente de Turismo Iberia en Madrid.

Now, write a similar paragraph with information about yourself. Choose from the words below.

Nacionalidades	Nationalities
masculine/feminine (m/f)	
británico/británica	*British*
inglés/inglesa	*English*
irlandés/irlandesa	*Irish*
galés/galesa	*Welsh*
escocés/escocesa	*Scottish*
americano/americana	*American*
holandés/holandesa	*Dutch*

Ocupaciones y profesiones	Occupations and professions
estudiante	student (m/f)
gerente	manager (m/f)
director/directora	director, manager
empleado/empleada	employee
ingeniero/ingeniera	engineer
secretario/secretaria	secretary

Note: You may want to check your English-Spanish dictionary for other nationalities and occupations or professions.

Exercise 5

This personal information was provided by a Mexican engineer in the course of an interview with a Spanish official. Note that **México** and **mexicano** are spelt with an **x** in Latin America but with a **j** in Spain – **Méjico**, **mejicano**. In this course we have used the Latin American spelling. The pronunciation is the same in both cases with **x** and **j** pronounced like the **j** in **José** in Dialogue 2.

Funcionario	¿Cómo se llama usted?
Señor Morales	Me llamo Antonio Morales López.
Funcionario	¿Es usted español?
Señor Morales	No, no soy español. Soy mexicano.
Funcionario	¿Es usted de la Ciudad de México?
Señor Morales	No, soy de Veracruz.
Funcionario	¿Cuál es su profesión?
Señor Morales	Soy ingeniero.

Now, imagine you are interviewing a Spanish speaker. Here are the replies. What are the questions?

Usted	_____
Laura	Me llamo Laura Valdés Urrutia.
Usted	_____
Laura	No, no soy española. Soy argentina.
Usted	_____
Laura	Sí, soy de Buenos Aires.
Usted	_____
Laura	Soy empleada de un banco.

Vocabulary

la Ciudad de México Mexico City	**mexicano/a** *Mexican* (m/f)	**un banco** *a bank*
	argentino/a *Argentinian* (m/f)	

| **Exercise 6** | Pedro Toledo, representative of a Mexican firm, is talking about his company and himself. |

Me llamo Pedro Toledo, soy mexicano, de la ciudad de Monterrey. Soy representante de una empresa de productos químicos. La firma se llama México Química. Es una empresa mixta, con capitales mexicanos y americanos. El director general de la empresa es el señor Roberto Milla. Él es mexicano también.

Vocabulary

el/la representante
   representative
productos químicos
   chemical products

la empresa *business, company*
la firma *firm, company*
mixta *mixed*
el capital *capital (finance)*

el director general *general*
   manager
también *also*

A Spanish-speaking colleague is asking you about Pedro Toledo. Answer his questions.

1 ¿Es mexicano Pedro?
2 ¿Es de la Ciudad de México?
3 ¿Cuál es su profesión?
4 ¿Cómo se llama la firma?
5 ¿Cómo se llama el director general de la empresa?

Comprehension

Patricia Martin is working for a company in Spain. In an interview with a Spanish government official she had to provide some personal information. Listen to the conversation and then answer these questions.

1 What is Patricia's nationality?
2 What is her occupation?
3 In what part of Spain does she work?
4 What is the name of her company?

La Puerta del Sol, Madrid

Vocabulary

¿cuál es su actividad? *what do you do?*

la compañía *company*
aquí *here*

transportes *transport* (m, pl)

Pronunciation

Listen and repeat: **a**

a is pronounced approximately like the *u* in *cut* and *hut*, in standard British pronunciation.

1   Hola, buenas tardes.
2   ¿Es usted la señora Ángela Rodríguez?
3   Soy Carlos García.
4   Encantada, señor García.
5   Mucho gusto, señora.

Language structures

Nouns and articles

El, **la** *the* (singular) and the gender of nouns

In Spanish, nouns are either masculine or feminine. The equivalent of *the* (the definite article) for masculine nouns is **el** and for feminine nouns it is **la**. Most nouns ending in **o** are masculine and most nouns ending in **a** are feminine.

> **el** banco *the bank*   **la** firma *the firm*

Words which refer to people will take **el** or **la**, according to the sex of the person.

> **el** señor *Mr, the gentleman*   **la** señora *Mrs, the lady*
> (Notice the use of **el** and **la** in:
> El señor García es español.   *Señor García is Spanish.*
> ¿Es usted **la** señora Rodríguez?   *Are you señora Rodríguez?*
> But: Buenos días, señor García.   *Good morning, señor García.)*

In other words, you put in **el** or **la** when you refer to the person, and leave it out when you talk or write to him or her.

If the masculine word finishes in **o**, the feminine is formed by changing **o** into **a**.

> **el** emple**o** *employee* (male)   **la** emplead**a** *employee* (female)

If the word finishes in a consonant, add **a**.

> **el** director *director* (male)   **la** directora *director* (female)

Most words which finish in **e** are the same whether they are masculine or feminine.

> **el** or **la** estudiante *student* (male or female)

Some words which are used frequently are exceptions to these rules.

el jefe *manager, boss* (male)   **la** jefa *manager, boss* (female)

Words which finish in **ista** do not change for the masculine.

el or **la** recepcion**ista** *receptionist*

Un, una *a/an*

The Spanish equivalent of the indefinite article *a* or *an*, as in *a gentleman, a lady*, is **un** for masculine and **una** for feminine.

un señor *a gentleman*   **una** señora *a lady*

Notice that **un** and **una** are not used with words which denote a profession or occupation.

Es ingeniero. *He's an engineer.*

Adjectives

Position

Adjectives are normally placed after the noun.

el director español   *the Spanish director*

Adjectives which express a quality or characteristic may be placed before the noun for emphasis.

un excelente hotel   *an excellent hotel*
but also:
un hotel excelente   *an excellent hotel*

Agreement

Adjectives must agree with the noun they qualify, therefore they have masculine and feminine as well as singular and plural forms.

El gerente es británico.   *The manager is British.*
La firma es británica.   *The firm is British.*
productos químicos   *chemical products*
empresas americanas   *American businesses*

Subject pronouns

The Spanish equivalent of words such as *I, you, he, she* are:

yo	Yo soy ingeniero.	*I'm an engineer.*
usted	¿Usted es el señor García?	*Are you señor García?*
él	Él es el gerente.	*He's the manager.*
ella	Ella es la secretaria.	*She's the secretary.*

Subject pronouns are often left out in Spanish, as the form of verbs usually indicates which person we are referring to.

Note: In writing, **usted** is normally found in abbreviated form as **Vd.** Other subject pronouns will appear in later units.

Verbs   **Ser** *to be*

Personal information such as identification, nationality, place of origin, occupation, may be given in Spanish through the verb **ser**. Here are the present tense forms of **ser** for **yo, usted, él, ella.**

yo	soy	(Ángela Rodríguez)	*I am (Ángela Rodríguez)*
usted	es	(español, ¿verdad?)	*you are (Spanish, aren't you?)*
él	es	(de Madrid)	*he is (from Madrid)*
ella	es	(estudiante)	*she is (a student)*

Other uses of **ser** will be found in later units.

Negatives   To form negative sentences, simply place the word **no** before the verb.

No soy español. *I'm not Spanish.*

Interrogatives   To form questions, you can choose one of the following ways:

Use the same word order as in a statement, but with a rising intonation.

¿Usted es inglés? *Are you English?*

Reverse the order of subject and verb.

¿Es usted británica? *Are you British?*

Attach the word **¿verdad?** or **¿no?** to the end of the statement.

| Usted es de Londres, ¿verdad? | *You are from London, aren't you?* |
| Él es ingeniero, ¿no? | *He is an engineer, isn't he?* |

Language progress check

Exercise 7

Say what nationality these people are.

Example: Carlos _____ español. Carlos es español.

1 Juan _____ argentino.

2 Patricia _____ británica.

3 Yo _____ inglés.

4 ¿Usted _____ americano?

5 Ella _____ irlandesa.

6 Él _____ mexicano.

Exercise 8

NVQ LEVEL R1.1

Read through these questions and then respond with negative statements. Note that **profesor/a** means *teacher.*

Example: ¿Es él el jefe? No, él no es el jefe.

1 ¿Es él el gerente?
2 ¿Es ella la secretaria?
3 ¿Es ingeniero el señor Miranda?
4 ¿Es profesora la señora Rodríguez?
5 ¿Es recepcionista María?
6 ¿Es usted estudiante?

Exercise 9

NVQ LEVEL W1.1

Write a series of questions, asking people where they are from.

Example: Madrid ¿Es Vd.de Madrid?

1 Barcelona
2 Londres
3 Sevilla
4 Nueva York
5 Valencia
6 Buenos Aires

Cultural briefing

In business and official situations, Spaniards tend to be more formal in speech and manner than in Britain. For example, people shake hands more often when greeting someone and saying goodbye. They also use a formal way of speaking. As people get to know each other more, this formality is dropped and they act in a more casual and informal way. The language in this unit is of the formal variety but that does not mean it is cold or unfriendly. It is the language you will need in such situations. As you work your way through the course, you will learn the informal kind of Spanish you will need as well.

Consolidation

NVQ LEVEL S1.1

At a business conference in Spain someone approaches you. Answer the greeting and give information about yourself.

Carmen	Hola, buenas tardes.
Usted	(Say good afternoon.)
Carmen	Yo soy Carmen Ramos de Textil Progreso.
Usted	(Say who you are and give the name of your company.)
Carmen	Encantada.
Usted	(Pleased to meet you. Ask her if she is Spanish.)
Carmen	Sí, soy española. ¿Y usted?
Usted	(Say your nationality. Ask her if she is from Madrid.)
Carmen	No, soy de Zaragoza. ¿Y usted?
Usted	(Say where you are from.)

Zaragoza

Checklist

Before moving on to Unit 2 are you certain that you can carry out the following tasks in Spanish?

1 State your name
2 Say what your nationality is (Remember the different masculine and feminine forms for adjectives of nationality.)
3 Say where you come from
4 Say what your job is (Remember you may have to look up your particular job in a dictionary.)

NB. Are you sure you will recognise the question if a Spanish speaker asks you for any of this information?

5 Ask someone else his or her name
6 Ask someone else what his or her nationality is
7 Ask someone else where he or she comes from
8 Ask someone else what his or her job is.

Finally, remember that there is additional relevant material on the Consolidation Cassettes.

Salamanca

UNIT 2 ¿Cuántos años tiene?

In Unit 2 you will learn how to …

- ask and answer questions about age
- ask and answer questions about civil status
- talk about your family
- ask people what work they do and reply.

STUDY TIP

Try talking about your family or friends using photographs – Spaniards are always curious about them! You could also try describing your colleagues (chances are they won't understand what you are saying about them ...).

Numbers can be difficult to handle in a foreign language. Try doing mental arithmetic in Spanish, repeat phone numbers, or translate car number plates as you see them.

Before listening to the dialogue, check the procedure for using the dialogues in the *How to use this course* section of the Introduction.

Dialogue 1: Una entrevista

Isabel Pérez is a secretary at Comercial Hispana. To join the company Isabel had to be interviewed. This is part of an interview with señor Lira, the personnel manager (**el director de personal**).

Sr. Lira	Buenos días.
Isabel	Buenos días.
Sr. Lira	¿Vd. es la señorita Pérez?
Isabel	Sí, soy yo.
Sr. Lira	Yo soy el director de personal. Me llamo Antonio Lira.
Isabel	Encantada.
Sr. Lira	Encantado. Pase por aquí, por favor. (*Isabel goes into señor Lira's office.*) Siéntese.

Isabel	Gracias.
Sr. Lira	Vd. se llama Isabel, ¿verdad?
Isabel	Sí, Isabel Pérez.
Sr. Lira	¿Y cuál es su segundo apellido?
Isabel	Guerra. Me llamo Isabel Pérez Guerra.

(Señor Lira fills in a form with information about Isabel.)

Sr. Lira	¿Cuántos años tiene?
Isabel	Tengo veintiséis años.
Sr. Lira	¿Está Vd. casada o soltera?
Isabel	Estoy soltera.
Sr. Lira	¿Y en qué trabaja Vd. actualmente?
Isabel	Trabajo como secretaria de dirección en una empresa de seguros, Seguros La Mutual…

Vocabulary

la entrevista *interview*
buenos días *good morning*
soy yo *I am, it's me*
pase por aquí, por favor *come this way, please*
siéntese *sit down*
gracias *thank you*
¿y cuál es su segundo apellido? *and what is your second surname?*

¿cuántos años tiene? *how old are you?*
tengo veintiséis años *I'm 26 years old*
¿está Vd. casada o soltera? *are you married or single?*
¿en qué trabaja? *what work do you do?*
actualmente *at present, at the moment*

trabajo como secretaria de dirección *I work as a personal assistant*
una empresa de seguros *an insurance company*

Notes

1 **Soy yo.** *I am* or *It's me.* Note how by inverting **yo** and **soy** Isabel answers the question **¿Vd. es la señorita Pérez?** It's a little different from saying **Yo soy Isabel** as a way of introducing oneself.

2 To ask someone his/her surname formally you can say either **¿cuál es su apellido?** or **¿cómo se apellida Vd.?**

3 **Tengo veintiséis años.** *I'm 26 years old.* To ask and answer questions about age, Spanish uses **tener** *to have* rather than **ser** *to be.*

4 **Estoy soltera.** *I'm single.* Marital status may also be expressed with the verb **ser: soy soltera.**

Listen several times to the following dialogue following the usual procedure.

Dialogue 2: Otra entrevista

Francisca Rojas was another candidate interviewed by señor Lira. Here is part of that interview.

Sr. Lira	¿Cómo se llama Vd.?
Francisca	Me llamo Francisca Rojas Solís.
Sr. Lira	¿Cuántos años tiene?
Francisca	Treinta años.

Sr. Lira	¿Está Vd. casada o soltera?
Francisca	Estoy casada.
Sr. Lira	¿Tiene hijos?
Francisca	Sí, tengo dos. El mayor tiene cinco años y el menor tiene tres.
Sr. Lira	¿Qué hace Vd. actualmente?
Francisca	Estoy en el paro…

Vocabulary

treinta *thirty*
¿tiene hijos? *have you any children?*
tengo dos *I have two*

el mayor tiene cinco años *the eldest is five years old*
el menor tiene tres *the youngest is three*

¿qué hace Vd.? *what do you do?*
estoy en el paro *I am unemployed/out of work*

Notes

1 **¿Qué hace Vd. actualmente?** You can translate this useful question as *what do you do at present?* or *what are you doing at present?*

2 **El mayor, el menor** *The eldest, the youngest* Francisca's children are male.

We know this because she uses **el** with **mayor** and **menor**. If they were female, she would have said **la mayor** and **la menor**.

Key phrases

Ask and answer questions about age

¿Cuántos años tiene Vd.? — *How old are you?*
Tengo veintiséis años. — *I'm 26 years old.*

Ask and answer questions about civil status

¿Está Vd. soltero/a o casado/a? — *Are you single or married?*
Estoy soltero/a. — *I'm single.*
Estoy casado/a. — *I'm married.*

Talk about your family

¿Tiene Vd. hijos? — *Have you any children?*
Tengo dos hijos. — *I have two children.*
El/la mayor tiene cinco años y el/la menor tiene tres. — *The eldest is five years old and the youngest is three.*

Ask people what work they do and where, and reply to such a question

¿En qué trabaja Vd.? — *What work do you do?*
Trabajo como secretaria de dirección en una empresa de seguros. — *I work as a personal assistant in an insurance company.*

Exercise 1

Listen to the recording of these numbers on your tape and practise saying them. Try repeating with or after the speaker, stopping your tape as necessary.

0 cero	11 once	22 veintidós
1 uno	12 doce	23 veintitrés
2 dos	13 trece	24 veinticuatro
3 tres	14 catorce	25 veinticinco
4 cuatro	15 quince	26 veintiséis
5 cinco	16 dieciséis	27 veintisiete
6 seis	17 diecisiete	28 veintiocho
7 siete	18 dieciocho	29 veintinueve
8 ocho	19 diecinueve	30 treinta
9 nueve	20 veinte	
10 diez	21 veintiuno	

Exercise 2

You have applied for a job in a Spanish-speaking country. In the course of an interview you are asked to provide some personal information. Use complete sentences in your answers. You might need to look up some words relevant to your own circumstances in your dictionary.

Director de personal ¿Cómo se apellida Vd.?

Vd. _____

Director de personal ¿Está Vd. casado/a o soltero/a?

Vd. _____

Director de personal ¿En qué trabaja Vd. actualmente? *or*
¿Qué estudia Vd. actualmente?

Vd. _____

Vocabulary

¿qué estudia Vd. actualmente?   *what are you studying at present?*

Exercise 3

Study this information about Luisa, a receptionist at Comercial Hispana, an export-import company.

Luisa tiene diecinueve años y está soltera. Luisa trabaja como recepcionista en una empresa de importaciones y exportaciones.

Now write similar paragraphs about these people.

nombre	edad	estado civil	ocupación	lugar
Pedro	24	soltero	contable	una fábrica
Dolores	21	casada	mecanógrafa	un banco
Esteban	18	soltero	programador	una industria
Paloma	30	casada	empleada	una tienda

Vocabulary

el nombre *name*
la edad *age*
el estado civil *status*
el lugar *place*

el contable *accountant*
una fábrica *a factory*
la mecanógrafa *typist*
el programador *programmer*

una industria *an industry*
una tienda *a shop*

Exercise 4

Read this information about Ángela Rodríguez and then tackle the sentences that follow.

Ángela Rodríguez es española, de Madrid. Ángela tiene veintiocho años, está casada y tiene tres hijos. Su marido se llama José y tiene treinta años. El mayor de los hijos, de doce años, se llama Miguel. La menor, Cristina, sólo tiene cuatro años. Ángela es gerente de Turismo Iberia. Su marido trabaja en el Banco Nacional de España.

Vocabulary

los hijos *the children*   **su marido** *her husband*   **sólo** *only*

Complete these sentences with the information about Ángela and her family, indicated by the words in brackets.

1 Ángela es (nacionalidad).
2 Ella es de (ciudad).
3 Es (ocupación).
4 Está (estado civil).
5 Tiene (hijos).
6 Su marido se llama (nombre).
7 Él tiene (edad).
8 Él trabaja en (lugar).
9 El mayor de los hijos se llama (nombre) y tiene (edad).

Comprehension

At a party in Madrid, señor García meets Ricardo Molina, a Latin American businessman. Listen several times to their conversation and then choose the correct answers to the following questions. Remember you will find a transcript of the conversation in the key. Any words you do not know will be found in the alphabetical vocabulary at the back of the book.

1 Ricardo Molina es **a**) colombiano **b**) venezolano **c**) mexicano.
2 Él es de **a**) Guadalajara **b**) Guatemala **c**) Nicaragua.
3 Es **a**) gerente de una firma **b**) empleado de una compañía **c**) ingeniero de una empresa.
4 Está **a**) divorciado **b**) casado **c**) soltero.

Pronunciation

Listen and repeat: **b** and **v**.

Spanish does not normally differentiate between **b** and **v**. At the beginning of an utterance and after **n**, **b** and **v** sound similar to the *b* in *boat*. In all other positions, they are closer to the English *v*, as in *very*.

1 Por fa**v**or.
2 Isa**b**el.
3 Por fa**v**or, Isa**b**el.
4 Tengo **v**eintiséis años.
5 **V**íctor tra**b**aja en un **b**anco en **V**alencia.

Valencia

Language structures

Nouns and articles

Los, las *the* (plural) and the plural of nouns

The plural of **el** (e.g. **el banco**) is **los** and the plural of **la** (e.g. **la señora**) is **las**.

los bancos *the banks*	**las** señoras *the ladies*

Most nouns form the plural by adding **s**.

el hijo *child, son*	los hijos *sons, children*

Nouns which finish in a consonant form the plural by adding **es**.
If they end in **iŏn** the accent on the **o** disappears when **es** is
added.

> el director *director* los director**es** *directors*
> la importación *import* las importacion**es** *imports*

Nouns which end in **z** form the plural by changing **z** into **c** and
adding **es**.

> el lápiz *pencil* los lápi**ces** *pencils*

Remember that adjectives must agree in number with the noun
they qualify.

> el hijo menor *the youngest child*
> los hijos menor**es** *the youngest children*

Unos, unas *some*

The plural of **un** (e.g. **un empleado**) is **unos** and the plural of **una**
(e.g. **una secretaria**) is **unas**. Unos and **unas** translate into English
as *some*.

> **unos** empleados *some employees*
> **unas** secretarias *some secretaries*

Question words ¿cuál? ¿qué? ¿cuántos?

¿Cuál? may be translated into English as *what?*

> **¿Cuál** es su apellido? *What is your surname?*

¿Cuál? can also mean *which?* or *which one?* when there is a choice
involved.

> **¿Cuál** es su hijo? *Which (one) is your child?*
> **¿Cuál** prefiere Vd.? *Which (one) do you prefer?*

¿Qué? translates normally as *what?*

> **¿Qué** hace Vd. actualmente? *What are you doing at present?*
> **¿En qué** trabaja Vd.? *What work do you do? (literally,*
> *In what do you work?)*

¿Cuántos? is translated normally as *how many?*

> **¿Cuántos** hijos tiene Vd.? *How many children have you got?*
> But note:
> **¿Cuántos** años tiene Vd.? *How old are you? (lit. How many*
> *years ...?)*

Note: All question words must carry an accent.

Verbs   **Estar** *to be*

Spanish has two verbs meaning *to be*. They are **ser** (see Unit 1) and **estar**. Both verbs have specific uses which will be explained as the course progresses.

Most personal information may be given with **ser**; for example, saying who you are, what your nationality is, where you are from, what your occupation is (see Unit 1 for examples).

Estar is generally used to indicate a state which might easily change, such as being unemployed: **estoy en el paro**. Marital status is also expressed by **estar**, **estoy casado** *I'm married*, although this may less frequently also be expressed with **ser**. In later units you will learn other uses of these two verbs.

The present tense forms of **estar** for **yo**, **usted**, **él** and **ella** are:

yo	estoy	*I am*	él	está	*he is*
usted	está	*you are*	ella	está	*she is*

Tener *to have*

The most usual meaning of **tener** is *to have*, as in

Ella **tiene** tres hijos. *She has three children.*

Tener sometimes has the English meaning of *to be*, as when used to state one's age.

¿Cuántos años **tiene** usted? *How old are you?*

The present tense forms of **tener** for **yo**, **usted**, **él** and **ella** are:

yo	tengo	*I have*	él	tiene	*he has*
usted	tiene	*you have*	ella	tiene	*she has*

Present tense of first conjugation verbs

According to the ending of the infinitive, Spanish verbs fall into three main categories: **ar** or first conjugation verbs, e.g. trabaj**ar** *to work*; **er** or second conjugation verbs, e.g. respond**er** *to answer*; and **ir** or third conjugation verbs, e.g. viv**ir** *to live*. The second and third conjugations will be looked at in later units.

To form the present tense of a first conjugation verb you remove the **ar** ending of the infinitive and replace it with the ending appropriate to the person. So, using **trabajar** as an example, the **yo**, **usted**, **él** and **ella** forms are:

yo	trabajo	*I work*	él	trabaja	*he works*
usted	trabaja	*you work*	ella	trabaja	*she works*

Language progress check

Exercise 5

NVQ LEVEL S1.1

Ask these questions in Spanish using **¿cuál?**, **¿cuántos?** or **¿qué?**

Example: How old is Isabel? **¿Cuántos años tiene Isabel?**

1 How old is Carlos?
2 How old are you?
3 How many children does she have?
4 What's your surname?
5 What work do you do?
6 What work does Isabel do?

Exercise 6

NVQ LEVEL R1.1

Read through these questions about work and give responses using the information given in brackets.

Example: ¿En qué trabaja Vd.? (Una empresa de importaciones)
Trabajo en una empresa de importaciones.

1 ¿En qué trabaja Vd.? (Un banco)
2 ¿En qué trabaja Ángela? (Turismo Iberia)
3 ¿En qué trabaja ella? (Una empresa de seguros)
4 ¿En qué trabaja José? (El Banco Nacional de España)
5 ¿En qué trabaja él? (Comercial Hispana)

Exercise 7

NVQ LEVEL W1.1

Complete this information given about himself by Javier Rojo, an architect from Ecuador.

_____ Javier Rojo, _____ ecuatoriano,

_____ Quito, _____ veintiocho años y

_____ casado. _____ dos hijos, el mayor

_____ seis años y el menor _____ tres. Yo

_____ como arquitecto en _____ firma

constructora.

Quito

Vocabulary

ecuatoriano *Ecuadorean*
el arquitecto *architect*

la firma constructora
  construction company

Cultural briefing

Surnames

Spanish-speaking people have two surnames, their father's family name and their mother's. In the case of Isabel Pérez Guerra, Pérez is the father's first surname and Guerra her mother's. The second surname is normally used in official situations and in documents such as passports. Married women usually keep their first surname, to which they add that of their husband, preceded by the word **de**. For example, if Isabel marries a señor Castro, she will be known as Isabel Pérez de Castro or simply Isabel de Castro.

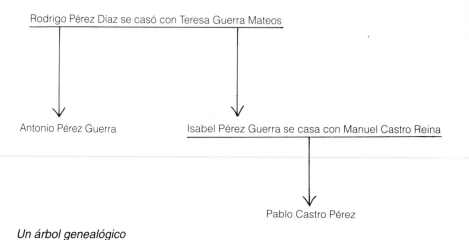

Rodrigo Pérez Díaz se casó con Teresa Guerra Mateos

Antonio Pérez Guerra

Isabel Pérez Guerra se casa con Manuel Castro Reina

Pablo Castro Pérez

Un árbol genealógico

Consolidation

Write a brief paragraph with information about yourself. Include the following: Your name, your nationality and where you are from; your age, marital status and information about your family, if you are married; what work you do and where, or what you're studying and where.

Checklist

Before proceeding to Unit 3 are you certain that you can carry out the following tasks in Spanish?

1 Say how old you are
2 Say whether you are married or single
3 Say whether you have children and, if so, give their ages

4 Say what job you do and where, and if you are unemployed
5 Ask people how old they are
6 Ask people about their marital status
7 Ask people if they have children
8 Ask people what work they do.

Don't forget that there is additional relevant material on the Consolidation Cassettes.

UNIT **3** ¿Dónde vive?

In Unit 3 you will learn how to …

- say when and where you were born and ask people for similar information
- say where you live
- give addresses and telephone numbers
- introduce someone
- ask people how they are and say how you are
- spell.

STUDY TIP

Spanish does tend to sound fast. This is largely because people string words and phrases together when they speak, and convey extra information through things such as intonation and gesture. Listen regularly to the recorded material and start to listen out for particular phrases, or ways of saying things. The patterns will soon start to build up.

Listen carefully to the following dialogue several times as in the previous units. Remember the procedure is outlined in the Introduction should you need to refresh your memory.

Dialogue 1: **El carnet de conducir**

Fernando Giménez, an employee at Comercial Hispana, is obtaining a driving licence (**un carnet de conducir**). Listen to the personal information Fernando has to provide.

Empleada	Buenos días.
Fernando	Buenos días.
Empleada	¿Cómo está Vd.?
Fernando	Muy bien, gracias.
Empleada	Siéntese aquí.
Fernando	Gracias.
Empleada	¿Su nombre, por favor?
Fernando	Fernando Giménez Olmedo.
Empleada	Giménez con 'g' o con 'j'?
Fernando	Se escribe con 'g'.
Empleada	¿Cuál es la fecha de su nacimiento?
Fernando	25 de abril de 1961.
Empleada	¿Y el lugar de nacimiento?
Fernando	Sevilla.
Empleada	¿Vive en Madrid?
Fernando	Sí, vivo en Madrid.
Empleada	¿Cuál es su dirección?
Fernando	Calle La Mancha, 114.
Empleada	¿Tiene teléfono?
Fernando	Sí, es el 521 42 09.

Vocabulary

¿cómo está Vd.? *how are you?* (polite)
muy bien *very well*
aquí *here*
¿su nombre? *your name?*
se escribe con 'g' *it's spelt with a 'g'*

¿cuál es la fecha de su nacimiento? *what's your date of birth?*
¿y el lugar de nacimiento? *and the place of birth?*
¿vive en Madrid? *do you live in Madrid?*

vivo en Madrid *I live in Madrid*
¿cuál es su dirección? *what's your address?*
la calle *street*
el teléfono *telephone*

Notes

1 **¿Su nombre?** *Your name?* This question is often heard in official situations such as the above. The complete sentence is **¿cuál es su nombre?** *what's your name?* Normally, however, one would ask **¿cómo se llama Vd.?** (formal) or **¿cómo te llamas?** (familiar or informal) *what's your name?*

2 **¿Cuál es la fecha de su nacimiento?** *What's your date of birth?* An alternative question is **¿cuándo nació?** (formal), **¿cuándo naciste?** (familiar) *when were you born?* The verb here is **nacer** *to be born*. You reply by saying **nací** followed by your date of birth, e.g. **nací el cuatro de**

julio *I was born on the 4th of July*, or by simply giving the date: **el cuatro de julio**.

3 **¿Y el lugar de nacimiento?** *And the place of birth?* An alternative question is **¿dónde nació?** (formal), or **¿dónde naciste?** (familiar) *where were you born?* We may reply by saying **nací** followed by the place, e.g. **nací en Sevilla** *I was born in Seville*, or by saying **en** followed by the place: **en Sevilla**.

4 **Calle La Mancha 114. Es el 521 42 09.** Notice that in Spanish addresses the street name precedes the number. Note, too, how Spanish phone numbers are expressed.

Listen to the next dialogue following the usual procedure.

Dialogue 2: Ésta es Isabel

Cristóbal, a colleague of Fernando's, introduces him to Isabel Pérez, the new secretary at Comercial Hispana.

Fernando	Hola, Cristóbal, ¿qué tal?
Cristóbal	Hola, Fernando, ¿cómo estás?
Fernando	Muy bien. ¿Y tú?
Cristóbal	Bien. Mira, ésta es Isabel, la nueva secretaria.
Fernando	Hola.
Isabel	Hola. ¿Trabajas aquí también?
Fernando	Sí, trabajo en el departamento de personal.
Isabel	Tú no eres madrileño, ¿verdad?
Fernando	No, soy de Sevilla. ¿Y tú de dónde eres?
Isabel	Soy de Toledo.

Toledo

Vocabulary

¿qué tal? *hi!, how are things?*

¿cómo estás? *how are you? (familiar)*

¿y tú? *and you?*

mira *look*

ésta es Isabel *this is Isabel*

nueva *new*

¿trabajas aquí también? *do you work here, too?*

el departamento de personal *the personnel*

department

tú no eres madrileño *you're not from Madrid*

¿de dónde eres? *where are you from?*

Notes

1 **Ésta es Isabel.** *This is Isabel.* **Ésta** *this* is a feminine word. To introduce a man we say **éste**, for example **éste es Fernando** *this is Fernando.*

2 **¿De dónde eres?** *Where are you from?* This question is used to address someone in a familiar way. To ask the same question formally we would say **¿de dónde es Vd.?**

3 **¿Trabajas aquí también?** *Do you work here too?* We are now dealing with an informal situation and so the speakers address each other in a familiar way. Hence we have **tú** instead of **Vd.** for *you*, and the verb forms **eres** instead of **es** and **trabajas** instead of **trabaja**. There is more on this in the Language structures section.

Key phrases

Say when and where you were born and ask people for similar information

¿Cuál es la fecha de su nacimiento?	What's your date of birth?
¿Cuándo nació? or ¿Cuándo naciste?	When were you born?
Nací el 25 de abril de 1961.	I was born on the 25th of April 1961.
¿(Cuál es) el lugar de su nacimiento?	What's your place of birth?
¿Dónde nació? or ¿Dónde naciste?	Where were you born?
Nací en Sevilla.	I was born in Seville.

Say where you live and ask people where they live

¿Dónde vive Vd.?	Where do you live?
Vivo en Madrid (en la Calle La Mancha, 114).	I live in Madrid (at Calle La Mancha, 114).
¿Cuál es su dirección?	What's your address?
(Vivo en la) Calle La Mancha, 114.	(I live at) Calle La Mancha, 114.

Inquire and give information about telephone numbers

¿Tiene teléfono?	Are you on the phone?
¿Cuál es su número de teléfono?	What's your telephone no.?
(Es el) 521 42 09.	(It's) 521 42 09.

Introduce someone

Ésta es Isabel.	This is Isabel.
Éste es Fernando.	This is Fernando.

Ask people how they are and say how you are

¿Cómo está usted? (polite)	How are you?
¿Cómo estás (tú)? (familiar)	How are you?
(Muy) bien, gracias.	(Very) well, thank you.
¿Y usted? (polite)/¿Y tú? (familiar)	And you?

Exercise 1

Listen to the pronunciation of the alphabet and repeat. Notice that **ñ** is considered to be a separate letter in the Spanish alphabet. **Ch, ll** and **rr** are no longer considered separate letters. You will never find **rr** at the beginning of a word.

A	B	C	CH	D	E	F	G	H	I
J	K	L	LL	M	N	Ñ	O	P	Q
R	RR	S	T	U	V	W	X	Y	Z

Now study this dialogue. You will learn to ask people to spell and pronounce their names.

Señora	¿Cómo se llama Vd.?
Fernando	Me llamo Fernando Giménez.
Señora	¿Cómo se escribe Giménez?
Fernando	G-I-M-E-N-E-Z.
Señora	¿Cómo se pronuncia?
Fernando	Se pronuncia Giménez.

You may have to spell and repeat your name when talking to a Spanish speaker. Now, here's some practice:

Señor   ¿Cómo se llama Vd.?
Usted   (Say your full name.)
Señor   ¿Cómo se escribe su nombre?
Usted   (Spell your first name.)
Señor   ¿Cómo se escribe su apellido?
Usted   (Spell your surname.)
Señor   ¿Y cómo se pronuncia su apellido?
Usted   (Repeat your surname.)

Exercise 2

Listen to the recording of these numbers and practise saying them. Repeat them with or after the speaker, stopping your tape as necessary.

31 treinta y uno	50 cincuenta	90 noventa
32 treinta y dos	51 cincuenta y uno	100 cien
40 cuarenta	60 sesenta	101 ciento uno
41 cuarenta y uno	70 setenta	102 ciento dos
42 cuarenta y dos	80 ochenta	110 ciento diez

200 doscientos,-as	1001 mil uno
201 doscientos uno	1002 mil dos
300 trescientos,-as	1992 mil novecientos noventa y dos
400 cuatrocientos,-as	2000 dos mil
500 quinientos,-as	3000 tres mil
600 seiscientos,-as	5500 cinco mil quinientos
700 setecientos,-as	8000 ocho mil
800 ochocientos,-as	10.000 diez mil
900 novecientos,-as	1.000.000 un millón
1000 mil	2.000.000 dos millones

Note that the hundreds from 200 to 900 have a feminine form: quinient**as** pesetas *five hundred pesetas*.

Exercise 3

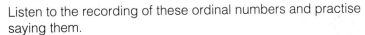

Listen to the recording of these ordinal numbers and practise saying them.

primero/a *first*, **segundo/a** *second*, **tercero/a** *third*, **cuarto/a** *fourth*, **quinto/a** *fifth*.

Note: **primero** and **tercero** lose the final vowel before a masculine singular noun, for example:

el primer piso *the first floor*   **el tercer día** *the third day*

Exercise 4

Listen to the recording of the months (**los meses**) and practise saying them.

enero	*January*	mayo	*May*	se(p)tiembre	*September*
febrero	*February*	junio	*June*	octubre	*October*
marzo	*March*	julio	*July*	noviembre	*November*
abril	*April*	agosto	*August*	diciembre	*December*

Note: The months are spelt with a small letter in Spanish.

Exercise 5

You are attending an interview and are asked to provide some personal information. Answer these questions as in the dialogue on page 24.

Director de personal   ¿Su nombre, por favor?

Usted   _____

Director de personal   ¿Cómo se escribe su apellido?

Usted   _____

Director de personal   ¿Cuál es la fecha de su nacimiento?

Usted   _____

Director de personal   ¿Y el lugar de nacimiento?

Usted   _____

Director de personal   ¿Dónde vive?

Usted   _____

Director de personal   ¿Cuál es su dirección?

Usted   _____

Director de personal   ¿Tiene Vd. teléfono? ¿Cuál es el número?

Usted   _____

Now look at the notes which follow Dialogue 1 and answer these questions.

1 ¿Cuándo nació Vd.?   **2** ¿Dónde nació?

Exercise 6

You and a colleague have been sent by your company to a Spanish-speaking country. On arrival, you're met by a Spanish-speaking associate you're well acquainted with. Use the familiar forms to address him/her.

Usted   (Say hello, good afternoon.)
Compañero   Hola. ¿Cómo estás?
Usted   (Very well, thank you. And you?)
Compañero   Bien, gracias.
Usted   (Introduce your English-speaking colleague to him/her, not forgetting to mention your colleague's name.)

Compañero	Encantado.
Colega	Hola.

Exercise 7

Study this information about Cristóbal Salas, Fernando's colleague at Comercial Hispana.

Nombre _____ Cristóbal Salas Díaz _____

Fecha de nacimiento _____ 15 de abril de 1968 _____

Lugar de nacimiento _____ Madrid _____

Dirección __ Calle de Cervantes, 16, 4°, 3ª _____

N° de teléfono _____ 743 21 90 _____

Profesión _____ economista _____

Note: In the address, 16 stands for the number of the house or building, 4° (**cuarto** *fourth*) indicates the floor and 3ª (**tercera** *third*) indicates the door (**tercera puerta** *third door*). You may sometimes see the abbreviations **drcha.** and **izq.** standing for **derecha** *right* (the door on the right) and **izquierda** *left* (the door on the left).

Having read the form containing this personal information about Cristóbal, you have to transmit it to a Spanish-speaking colleague on the phone. Answer his/her questions.

1 ¿Cómo se apellida Cristóbal?
2 ¿Cuál es la fecha de su nacimiento?
3 ¿Y el lugar de nacimiento?
4 ¿Dónde vive?
5 ¿Cuál es su número de teléfono?
6 ¿Cuál es su profesión?

Comprehension 1

Study this information about Isabel Pérez. See how much you can understand.

Isabel Pérez es española, de Toledo, tiene veintiséis años, está soltera, y trabaja como secretaria bilingüe en Comercial Hispana, en Madrid. La familia de Isabel vive en Toledo. Su padre, Antonio, que es contable, tiene 50 años y su madre, que es ama de casa, tiene 46. Isabel tiene dos hermanos, Felipe, de 22 años, que estudia económicas, y Ana, de 18 años, que trabaja como dependienta en unos grandes almacenes. Isabel vive con unas amigas en un piso en las afueras de Madrid.

Isabel trabaja por la mañana y por la tarde. Al mediodía, ella come con sus colegas en un restaurante cerca de la empresa. Por la noche cena en casa con sus amigas.

Vocabulary

bilingüe *bilingual*
la familia *family*
su padre *her father*
que es contable *who is an accountant*
su madre *her mother*
el ama de casa (f) *housewife*
los hermanos *brothers and sisters*

económicas *economics*
unos grandes almacenes *a department store*
unas amigas *some friends*
el piso *flat, apartment*
las afueras *outskirts*
por la mañana/tarde *in the morning/afternoon*
por la noche *at night*

al mediodía *at midday*
comer *to have lunch, eat*
el/la colega *colleague*
el restaurante *restaurant*
cerca de *near*
cenar *to have dinner*
en casa *at home*

Comprehension 2

Listen several times to this information given by two Spanish speakers. Then, as you listen, fill in the blank spaces with the missing words, stopping your tape as necessary to give yourself time.

1 ¡Hola! ¿Qué hay? Me llamo María José Suárez, _____

Burgos, _____ veintitrés años, estoy _____

y tengo una hija _____. Vivo en un pequeño piso

_____ afueras de Burgos, en la Calle General Mola,

_____. Actualmente trabajo _____

bilingüe en una _____ de productos metálicos. Mi

_____ mecánico y trabaja en _____

_____ de transportes.

Vocabulary

¿qué hay? *how are you?*
pequeño *small*

metálicos *metal*
mi *my*

2 ¡Hola! Yo me llamo Miguel López, _____ madrileño, tengo veintiún años _____ administración de empresas en la Universidad de Madrid. _____ y vivo con mi familia: _____ mis dos hermanos _____ en el centro de Madrid. Mi padre _____ contable y trabaja en unos grandes almacenes. Mi madre _____ ama de casa. _____ de mis hermanos, Carlos, _____ años y _____ en un instituto. José, que _____ diecinueve años, _____ en una academia de arte.

Vocabulary

la administración de empresas *business administration*

el centro *centre*
el instituto *secondary school*

la academia de arte *arts academy*
mis *my* (plural)

Pronunciation

Listen and repeat: **c** and **z**.

c (before **e** and **i**) and **z** are pronounced like the *th* in *thin*. In Southern Spain and in the Spanish-speaking countries of Latin America, **c** (before **e** and **i**) and **z** are pronounced like the *s* in *sorry*. Both forms of pronunciation are correct.

1 ¿Dónde nació el señor García?
2 El señor García nació en Zaragoza.
3 ¿Cuándo nació Cecilia Pérez?
4 Nació el quince de diciembre de mil novecientos cincuenta y cinco.

Language structures

Question words **¿dónde?** *where?* **¿cuándo?** *when?* **¿cómo?** *how?*

¿Dónde vive usted?	*Where do you live?*
¿Cuándo nació?	*When were you born?*
¿Cómo está usted?	*How are you?*

Possessive adjectives	**mi** *my* and **su** *your* (polite), *his, her, its*

Mi and **su** agree in number with the noun they modify.

mi	hijo	*my son*
mis	hijos	*my sons/children*
su	dirección	*your/his/her address*
sus	amigos	*your/his/her friends*

Verbs   The familiar form **tú** *you*

In the present tense, verbs in the second person singular (familiar form **tú**) end in **s**. Compare:

2nd person singular (**tú**)		3rd person singular (**Vd., él, ella**)	
tú trabajas	*you work*	Vd. trabaja	*you work*
		él/ella trabaja	*he/she works*
tú estás	*you are*	Vd. está	*you are*
		él/ella está	*he/she is*
tú tienes	*you have*	Vd. tiene	*you have*
		él/ella tiene	*he/she has*

Notice also the irregular forms from **ser** *to be*:

tú eres *you are*	Vd./él, ella es *you are/he, she is*

Examples:

¿Dónde trabajas?	*Where do you work?*
¿Cómo estás?	*How are you?*
¿Cuántos años tienes?	*How old are you?*
¿De dónde **eres**?	*Where are you from?*

Note: **Tú** is used to address members of your family, friends, colleagues, young people in general (whether you know them or not) and pets. It thus differs from the formal **Vd.** which you already know.

Present tense of second conjugation verbs

Second conjugation verbs are those whose infinitive ends in **er**, e.g. com**er** *to eat*. The present tense forms of second conjugation verbs for the first, second and third persons singular are the following:

como	*I eat*	come	*you eat, he/she eats*
comes	*you eat* (familiar)		

Examples:

¿Dónde comes?	*Where do you eat?*
Como en un restaurante	*I eat in a restaurant.*

Present tense of third conjugation verbs

Third conjugation verbs are those whose infinitive ends in **ir**, e.g. viv**ir** *to live*.

vivo	*I live*	**vive**	*you live, he/she lives*
vives	*you live* (familiar)		

Examples:

¿Dónde viv**e** Vd.?   *Where do you live?*
Viv**o** en Madrid.   *I live in Madrid.*

Language progress check

Exercise 8

NVQ LEVEL W1.1

Form a suitable question, using **¿dónde?**, **¿cómo?**, **¿cuántos?**, **¿cuál?**, **¿qué?**

1 ¿_____ años tienes tú?

2 ¿_____ vive Vd.?

3 ¿_____ es su profesión?

4 ¿_____ estás tú?

5 ¿En _____ trabaja Isabel?

6 ¿De _____ es Vd.?

Exercise 9

NVQ LEVEL S1.1

Ask people where they live or where others live.

Example: María. ¿Dónde vive María?

1 Juan   4 Carmen
2 usted   5 él
3 tú   6 ella

Exercise 10

NVQ LEVEL R1.1

Read through these questions about where to eat and respond with the items in brackets. Note that **la cafetería** is a *coffee bar.*

Example: ¿Dónde come el señor García? (En un restaurante)
          Come en un restaurante.

1 ¿Dónde come la señora Rodríguez? (En un café)
2 ¿Dónde come Vd.? (En un restaurante)
3 ¿Dónde come él? (En una cafetería)
4 ¿Dónde comes tú? (En casa)
5 ¿Dónde come ella? (En su piso)
6 ¿Dónde come Carlos? (En un café)

Cultural briefing

Spelling your name and address may be an exercise you'll have to repeat more than once if you are working or staying at hotels in a Spanish-speaking country. Spanish people may have to do the same in your country. Revise the pronunciation of the alphabet and make sure you know how to spell those names.

Also, you may need to ask Spanish speakers to spell their names for you. Remember, the question to ask is: **¿Cómo se escribe?** *How do you spell it?* or, more specifically, **¿Cómo se escribe su nombre/su apellido/el nombre de su calle…?** *How do you spell your name/surname/the name of your street …?* If you want people to repeat what they've said, simply say: **¿Cómo dice?** *I beg your pardon?* or **¿Podría repetir, por favor?** *Could you repeat that, please?*

If people speak too fast useful phrases to use are: **más despacio, por favor** *more slowly, please* or **¿Podría hablar más despacio, por favor?** *Could you speak more slowly, please?*

Consolidation

NVQ LEVEL W1.1 *see back*

Look again at the reading passage on page 30, which gives personal information about Isabel Pérez, then study once more Comprehensions 1 and 2. On the basis of them, write a passage containing similar information about yourself. Include the following information:

nombre/nacionalidad/de dónde es Vd./edad (*age*)/estado civil/profesión, ocupación o actividad (*activity*)/qué y dónde estudia/familia – nombres, edades y ocupaciones/dónde vive Vd. – nombre de la ciudad y dirección/número de teléfono/dónde come Vd. normalmente (*normally*) y dónde cena.

Checklist

Before moving on to Unit 4 are you certain that you can carry out the following tasks in Spanish?

1 Say when and where you were born
2 Say where you live and give your address and telephone number
3 Introduce people
4 Say how you are

5 Spell – in particular your name and address
6 Ask someone where he or she was born
7 Ask someone where he or she lives
8 Ask someone's address and telephone number
9 Ask someone how he or she is
10 Ask how something is spelt and pronounced.

UNIT 4 ¿Cómo es?

In Unit 4 you will learn how to …

- describe places
- describe people
- describe the weather
- ask questions leading to the description of places, people and the weather
- express existence and availability.

Listen to the first dialogue following the usual procedure.

Dialogue 1: Es un hotel muy grande

Carlos García and his wife are taking a holiday in Mexico, and they have made their bookings through Turismo Iberia. In this dialogue Ángela Rodríguez, manager of Turismo Iberia, describes a hotel to señor García and his wife. *Phrases first*

Cancún

Sra. Rodríguez	En Cancún tenemos una habitación doble reservada para ustedes en el hotel Los Mariachis. Es un hotel muy grande y moderno y está bastante cerca de la playa. Conozco personalmente el hotel y sé que es estupendo. Las habitaciones son muy cómodas y todas tienen cuarto de baño y terraza con vista al mar.
Sra. García	¿Hay televisión en las habitaciones?
Sra. Rodríguez	Sí, hay televisión, teléfono y también tienen aire acondicionado. En Cancún hace mucho calor.
Sr. García	¿Tiene piscina el hotel?
Sra. Rodríguez	Sí, tiene una piscina muy bonita. Además, tiene tres bares, dos restaurantes muy buenos y una sala de baile. Es el sitio ideal para unas vacaciones. Vds. no conocen México, ¿verdad?
Sra. García	No, es nuestro primer viaje allí. ¿Cómo es?
Sra. Rodríguez	Es un país muy bonito y muy interesante.

Vocabulary

tenemos *we have*
una habitación doble *double room*
reservada para ustedes *booked for you*
grande *big*
moderno *modern*
está bastante cerca de la playa *it's quite near the beach*
conozco (conocer) *I know (to know)*
sé (saber) *I know (to know)*
estupendo *fantastic*

son muy cómodas *they're very comfortable*
todos/as *all*
el cuarto de baño *bathroom*
la terraza *terrace*
con vista al mar *with a sea view*
hay *there is/are, is/are there?*
la televisión *television*
el aire acondicionado *air conditioning*
hace mucho calor *it's very warm/hot*
la piscina *swimming pool*

bonito/a *nice, pretty*
además *besides*
los bares *bars*
una sala de baile *dance hall*
el sitio *place*
ideal para las vacaciones *ideal for holidays*
nuestro primer viaje *our first trip*
allí *there*
¿cómo es? *what is it like?*
interesante *interesting*

Notes

1 **Conocer** and **saber** both mean *to know*. **Conocer** is used to refer to acquaintance with something, a person or a place, (e.g. **conozco México** *I know Mexico*). **Saber** implies knowledge of something, (e.g. **sé que es estupendo** *I know it's fantastic*). **Conocer** and **saber** are irregular in the first person singular of the present tense: **conozco España** *I know Spain*, **sé que es bueno** *I know it's good*. The other present tense forms follow the pattern outlined in Unit 3 for **er** verbs.

2 Notice the use of **que** in **sé que es estupendo** *I know (that) it's fantastic*. The word **que** here is linking the first clause **yo sé** with the second clause **es estupendo**. In English the link word *that* can be left out, but **que** can never be omitted in Spanish.

3 Note the difference between **¿cómo es?** *what is it like?* and **¿cómo está?** *how are you/how is he, she?*

Listen to the following dialogue and work through it in the usual way.

Dialogue 2: Ésta es Ana

At Comercial Hispana, Fernando Giménez and his colleague Ana talk about Isabel Pérez, the new secretary.

Fernando	¿Conoces a Isabel, la nueva secretaria?
Ana	No, ¿qué tal es?
Fernando	Es muy simpática, ¡y muy guapa! Mira, allí está. ¡Hola, Isabel!
Isabel	Hola, Fernando. ¿Qué tal?
Fernando	Mira, ésta es Ana. Trabaja conmigo.
Isabel	Hola.
Ana	Hola.

Vocabulary

nuevo *new*
¿qué tal es? *what is she like?*

simpático/a *nice*
guapo/a *good looking, pretty*
mira *look*

allí está *there she is*
conmigo *with me*

Notes

1 **¿Conoces a Isabel?** *Do you know Isabel?* When the object which follows a verb is a person, the verb must be followed by the preposition **a**. Compare the following.

Conozco a Isabel *I know Isabel.*
Conozco México. *I know Mexico.*

Key phrases

Describe places
Es un hotel muy grande y moderno.
It's a very large and modern hotel.

Describe people
Es muy simpática y muy guapa.
She's very nice and very pretty.

Describe the weather
Hace mucho calor.
It's very warm/very hot.

Ask someone to describe places, the weather and people
¿Cómo es?
What is it/he/she like?
¿Qué tal es?
What is it/he/she like?

Express existence and availability
¿Hay televisión?
Is there television?
Hay televisión.
There is television.
¿Tiene piscina?
Has it got a swimming pool?
Tiene una piscina muy bonita.
It has a very nice swimming pool.

Exercise 1

H W

Your boss would like to go to Spain on holiday and he is looking for a suitable hotel. He has received some hotel information in Spanish, a language he does not read. Draw up a list in English of the facilities available at each place, and their location. You can check new words in the Spanish–English vocabulary at the end of the book.

HOTEL AGUAMARINA***
Tel. 37 13 01
ARENAL D'EN CASTELL

Habitaciones con baño, W.C. teléfono y terraza. El hotel dispone de ascensores, piscina infantil y de adultos, jardín, bares, baile semanal, guardería infantil, salones sociales, juegos recreativos, TV y pista de tenis. Situado a 50 m. de la playa.

HOTEL ESMERALDA***
Paseo San Nicolás, s/n.
Teléfono 38 02 50 CIUDADELA

Situado en la zona residencial de la ciudad, junto al Puerto.
Habitaciones: Todas con baño, teléfono y terraza.
Servicios: Salones sociales, bar, restaurante, solarium, piscina y tenis. Consulte la oferta en habitaciones cuádruples.

HOTEL CALA GALDANA**
Tel. 37 30 00
PLAYA DE SANTA GALDANA

Habitaciones con ducha y teléfono, algunas con terraza y vista al mar. El hotel dispone de piscina, solarium, bares, salones sociales, juegos recreativos y ascensor. El complejo dispone de tiendas, sauna, super-mercado, restaurante y amplios jardines. Situado a 100 metros de la playa.

HOTEL SUR MENORCA*
Tel. 36 18 00
CALA BINIANCOLLA

Habitaciones con ducha, teléfono y terraza. El hotel dispone de salones sociales, TV, bar, piscina de adultos y niños, parque infantil, boutique, tenis y restaurante. Situado en zona tranquila a 19 Km. de Mahón.

Exercise 2

One of your colleagues would like to rent an apartment in Spain for the summer. He has seen the following advertisement in a Spanish newspaper and would like you to answer a few questions about it.

ALQUILERES

3 dormitorios, sala, comedor, cocina, 2 cuartos de baño, terrazas con vista al mar. Servicios: aparcamiento, piscina, jardines.

- Situados a 100 metros de la playa.
- Excelente transporte hacia la ciudad.
- Centro comercial a sólo 50 metros.

Para más información escríbir a **Constructora Mi Casa, Calle Calpe, 34, Alicante.**

Exercise 3

1 How many bedrooms does it have?
2 What are the other rooms?
3 Is there a swimming pool?
4 What other facilities are there?
5 How far is it from the beach?
6 Is there any transport to the city?
7 Are there any shopping facilities in the area?

You are going to Chile on business and you are trying to get some information about the weather there before you go. Study the following text and then answer in Spanish the questions which follow.

Santiago, la capital de Chile, está situado al suroeste de la América del Sur, al pie de los Andes y a 120 kilómetros del Océano Pacífico, en el centro del país.

Santiago tiene un clima agradable, de tipo mediterráneo, con temperaturas moderadas. En verano hace sol, con una temperatura media de aproximadamente 28° (28 grados) en el mes de enero. En julio, la temperatura media es de 10° (10 grados). En invierno hace frío por la mañana y por la noche, pero las temperaturas aumentan al mediodía. También llueve, aunque no con mucha frecuencia. En otoño y en primavera hace buen tiempo.

Vocabulary

la capital *capital (city)*	**aproximadamente**	**con mucha frecuencia**
el suroeste *southwest*	*approximately*	*frequently*
al pie *at the foot*	**es de 10 grados** *is ten*	**el otoño** *autumn*
el clima *climate*	*degrees*	**la primavera** *spring*
agradable *pleasant*	**el grado** *degree*	**hace buen tiempo** *the*
moderado *moderate*	**el invierno** *winter*	*weather is good*
el verano *summer*	**hace frío** *it is cold*	
hace sol *it is sunny*	**aumentar** *to increase*	
la temperatura media	**llueve** *it rains*	
average temperature	**aunque** *although*	

Notes

1 **a** and **el** combine to form **al**, e.g. **al pie de
   los Andes**; **de** and **el** combine to form **del**,
   e.g. **a 120 km del océano**.

1 ¿Cómo se llama la capital de Chile?
2 ¿Cómo es el clima en Santiago, en general?
3 ¿Cómo es el clima en verano?
4 ¿Cuál es la temperatura media en julio?
5 ¿Cómo es el clima en otoño y en primavera?
6 ¿Llueve mucho?

Exercise 4

HW

Imagine that the information on Santiago de Chile will be
included in an information brochure for business people
travelling to South America, and you have been asked to
translate it. Do it using the Spanish–English vocabulary in the
book or your own dictionary. Before you look words up, however,
try working them out. You will be surprised at how much you can
get right with intelligent guesswork.

Vista parcial de Santiago de Chile

Exercise 5

1 Comercial Hispana is increasing its staff. The following is a letter of recommendation sent by an applicant's present employer. Read through it and use the list of words that follow to help you understand it.

FERNANDEZ Y CIA. LTDA.

Príncipe de Vergara 3, 8°, 4ª, 28001 Madrid, Tel. 275 18 52

Madrid, 15 de junio de 1992.

Sr. Antonio Lira
Jefe de Personal
Comercial Hispana
Fernando el Católico, 17
28015 Madrid

Muy señor mío:

Acuso recibo de su carta de fecha 4 de los corrientes en que solicita referencias sobre la señorita Marta López.

Me es muy grato informarle que la señorita López trabaja en nuestra empresa desde el 15 de enero de 1990. La señorita López es una empleada competente y de toda confianza, y tiene buena presencia y modales agradables. No dudo que la señorita López tiene la capacidad para desempeñar el puesto que solicita.

Le saluda muy atentamente.

Felipe Pizarro

Gerente

Look at the way Marta López has been described by her boss:
es una empleada competente y de toda confianza
tiene buena presencia y modales agradables.

Vocabulary

Muy señor mío *Dear Sir*
acusar recibo de *to acknowledge receipt of*
su carta *your letter*
la fecha *date*
4 de los corrientes *4th inst*
solicitar referencias *to request references*
sobre *about*
me es muy grato informarle que... *I have pleasure in informing you that ...*

trabaja *has worked*
nuestra empresa *our company*
desde *since*
de toda confianza *reliable*
tener buena presencia *to be presentable, smart*
tener modales agradables *to have pleasant manners*
dudar *to doubt, have doubts*
la capacidad *ability*

para desempeñar *to carry out*
el puesto *post, job*
solicitar (un puesto) *to apply for (a job)*
le saluda muy atentamente *yours sincerely*

Vista de una avenida de Buenos Aires

2 An employee from your company is applying for a job in a Spanish-speaking country and you have been asked to write a reference in Spanish. The letter should be addressed to: Señor Alberto Plaza, Director Gerente, Montecasino S.A., Corrientes 5056, Buenos Aires, Argentina. Follow the model above and describe the employee using the following phrases:

es un/a empleado/a responsable y capaz, y tiene una personalidad agradable y deseo de superación.

Vocabulary

responsable *responsible*
capaz *capable*
una personalidad agradable *a pleasant personality*

tener deseo de superación *to be ambitious, to be keen to get on*

Common phrases used in formal letter writing

Salutation

Muy señor mío:	*Dear Sir,*
Muy señora mía:	Dear Madam,
Estimado señor García:	Dear Mr García,
Estimada señora Rodríguez:	Dear Mrs Rodríguez,

Señor, señora and señorita are often used in abbreviated form: Sr., Sra., Srta.

Introductory phrases

Acuso/acusamos recibo de...	I/we acknowledge receipt of ...
... su carta de fecha (4) del corriente/de los corrientes	your letter of the (4th) inst/ of the current month
En contestación a su carta de fecha...	In answer to your letter of ...

Close

Atentamente/Le saluda (muy) atentamente	Yours faithfully

For more information on letter writing see Units 6, 8 and 9.

Comprehension 1

These signs show some of the facilities available in a new industrial development in Figueras, in northern Spain. Listen to the recording a few times to get the 'feel' of it and then have a go at the questions below. Some key vocabulary is given to help you.

   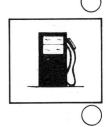

Vocabulary

la frontera francesa *French frontier*

el aeropuerto más cercano *nearest airport*

el ferrocarril *railway*

la estación más próxima *nearest station*

las operaciones bancarias *bank transactions*

el aparcamiento *car park*

la gasolinera *petrol station*

las zonas verdes *green areas*

---

1 Listen to the description of the facilities and number each picture 1, 2, 3, etc. according to its sequence in the recording.

2 Your company is thinking of setting up an office in Figueras and you have been asked to travel to Spain and report back on the facilities available at the Polígono Industrial Figueras in Catalonia. These are some of the questions you will have to answer:

a) How far is it from the French border?

b) How far is it from Barcelona?

c) Which is the nearest airport and how far is it?

d) What is the distance to the nearest railway station?

e) Are there good public transport facilities between the industrial development and Figueras?

f) Which bank has an office there?

g) What other facilities are there?

Comprehension 2

Read the following and then answer the questions in Spanish.

España

España ocupa la mayor parte de la Península Ibérica. La capital de España, Madrid, es una ciudad industrial y comercial, y es el centro político y administrativo de España. España tiene una población de 39 millones de habitantes. Madrid tiene aproximadamente 4 millones.

Pintada en lengua gallega: Galicia Soberana, ni española ni americana

Un anuncio en la lengua catalana: No malgastes ni una gota

Las lenguas de España

El español o castellano es la lengua oficial del Estado español. En Cataluña, la Comunidad Valenciana y Baleares se habla también el catalán, con distintas variaciones dialectales. En Galicia se habla el gallego, además del castellano, y en el País Vasco el vascuence o euskera. El catalán, el gallego y el euskera son también lenguas oficiales en las respectivas comunidades autónomas.

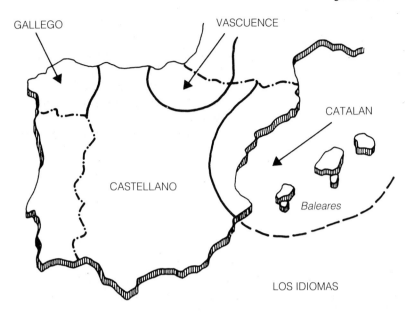

GALLEGO

VASCUENCE

CATALAN

CASTELLANO

Baleares

LOS IDIOMAS

Vocabulary

la lengua *language*
el estado *state*
se habla *they speak, is spoken*

distintas *different*
variaciones *variations*
el País Vasco *the Basque country*

las comunidades autónomas
self-governing regions

---

1 ¿Cuántos habitantes tiene España?
2 ¿Cuántos habitantes tiene Madrid?
3 ¿Cuál es la lengua oficial del Estado español?
4 ¿Qué lengua se habla en Cataluña, la Comunidad Valenciana y Baleares, aparte del español?, ¿en Galicia?, ¿en el País Vasco?

Pronunciation

Listen and repeat: **d**

Between vowels, after an **r** and at the end of a word **d** is pronounced like the *th* in *that* but with less force. At the beginning of a word and in other positions it is pronounced like the *d* in *dean*.

1 Buenos **d**ías.
2 Buenas tar**d**es.
3 Tenemos una habitación reserva**d**a para uste**d**es.
4 Es una habitación **d**oble.
5 Es gran**d**e y cómo**d**a.

Language structures

Verbs Plural forms of verbs in the present tense: **ser** and **tener**

		ser	tener
First person plural:	**nosotros** *we*	somos	tenemos
Third person plural:	**ustedes** *you* (polite)	son	tienen
	ellos (m)/**ellas** (f) *they*	son	tienen

Examples: Somos españoles. *We are Spanish.*
Son muy cómodas. *They are very comfortable.*
Tenemos una habitación. *We have a room.*
Tienen cuarto de baño. *You/They have a bathroom.*

Ser + adjective in description

Singular:	¿Cómo es?	*What is it/he/she like?*
	Es cómodo/a.	*It's comfortable.*
	Es bonito/a.	*It's nice.*
	Es responsable.	*He/she is responsible.*
Plural:	¿Cómo son?	*What are they like?*
	Son buenos/as.	*They are good.*
	Son simpáticos/as.	*They are nice* (referring to people).
	Son agradables.	*They are pleasant.*

These are all considered to be inherent, permanent characteristics.

Hacer to describe the weather

Hacer means literally *to do* or *to make*, but in Spanish it is also used to describe the weather.

Hace (bastante/mucho) calor.	*It is (quite/very) warm.*
Hace (bastante/mucho) frío.	*It is (quite/very) cold.*
Hace (bastante/mucho) sol.	*It is (quite/very) sunny.*
Hace (bastante/mucho) viento.	*It is (quite/very) windy.*
Hace buen/mal tiempo.	*The weather is good/bad.*

Hay to express existence or availability

Hay translates into English as *is/are there?*, *there is/are*.

¿Hay televisión?	*Is there television?*
Hay televisión.	*There is television.*
Hay dos habitaciones.	*There are two rooms.*

Note: **Hay** does not change.

Possessive adjectives **nuestro** *our*

Nuestro, unlike **mi** and **su** (Unit 3), changes for gender (masculine/feminine) as well as number (singular/plural).

| nuestro viaje | *our trip* | nuestros amigos | *our friends* |
| nuestra empresa | *our company* | nuestras amigas | *our friends* |

Language progress check

Exercise 6

Answer the questions about people and places, using the words given in brackets.

Example: ¿Cómo es Isabel? (simpática). What is Isabel like?
       Isabel es simpática. *Isabel is nice.*

1 ¿Cómo es tu amiga? (guapa)
2 ¿Cómo es el hotel? (bueno)
3 ¿Cómo son las habitaciones? (cómodas)
4 ¿Cómo es Cancún? (bonito)
5 ¿Cómo es México? (interesante)
6 ¿Cómo son los mexicanos? (agradables)

Exercise 7

Read these questions about the weather and give negative answers.

Example: ¿Hace frío en Cuba? Is it cold in Cuba?
       No, en Cuba hace calor. *No, in Cuba it's warm/hot.*

1 ¿Hace calor en Finlandia?
2 ¿Hace frío en Brasil?
3 ¿Hace buen tiempo en Manchester?
4 ¿Hace mal tiempo en Málaga?
5 ¿Hace frío en la Costa del Sol?
6 ¿Hace calor en Escocia?

Exercise 8

NVQ LEVEL W1.1

Fill in the blank spaces with **hay** or the correct form of **ser** or **tener**.

En el Hotel Don Alfonso _____ 30 habitaciones, 25

habitaciones dobles y 5 individuales. Las habitaciones _____

grandes y cómodas y todas _____ cuarto de baño.

En el Hotel Don Alfonso _____ tres bares y dos restaurantes.

Los restaurantes _____ muy buenos y _____ vista al

mar. El hotel _____ también una piscina.

Cultural briefing

Although the language used in this book is standard and will be understood everywhere in the Spanish-speaking world, you should start getting familiar with some basic differences in

everyday usage between the Spanish spoken in Spain and the one used in Latin America.

Instead of the word **bonito/a** *pretty*, in Latin America you may hear **lindo/a**. If you are travelling in Chile or Argentina, you are more likely to hear the word **una pieza** *a room* instead of **una habitación**, while **la piscina** *swimming pool* will become **la pileta** in Argentina and **la alberca** in Mexico.

Consolidation

NVQ LEVEL S1.2

At a business conference in a Spanish-speaking country you meet the representative of a Spanish firm. During an informal conversation he/she asks you about the hotel where you are staying. Reply to his/her questions and keep the conversation going.

Representante	¿Qué tal es su hotel?
Usted	(Say it's a very good hotel and you have a room with a sea view. It's a very nice room and it's quite large.)
Representante	¡Qué bueno! ¿Tiene piscina el hotel?
Usted	(Unfortunately (**desafortunadamente**) it hasn't got a swimming pool. It's a small hotel, but it has an excellent restaurant and a very pleasant bar. Spanish beer (**la cerveza**) is very good.)
Representante	Sí, es estupenda. ¡Qué calor hace!
Usted	(Yes, it's very warm.)
Representante	¿Una cerveza?
Usted	(Yes, please!)

Vocabulary

¡qué bueno! *that's good!*   **¡qué calor hace!** *how warm it is!, isn't it hot!*

Checklist _____

Before you proceed to Unit 5 are you sure you can carry out the following tasks in Spanish?

1 Say what places are like
2 Say what people are like
3 Say what the weather is like
4 State the availability or existence of something

5 Say that you know someone or a place
6 Ask what a place is like
7 Ask what a person is like
8 Ask about the weather
9 Enquire about the availability or existence of something.

UNIT 5 ¿Dónde está?

In Unit 5 you will learn how to …

- ask for and give directions (outside)
- ask and say where places are (inside)
- ask and say how far a place is.

STUDY TIP

It is worth taking some time to study the map. Many towns and regions will be unfamiliar to foreign eyes, and it is much easier to catch what is being said if you recognise the names.
Try looking for news on Spain, and read up on the country. The culture and background of a country are an important element of understanding, and a language cannot be learnt properly in isolation.
Directions: asking the way is easy – catching the answer is much harder! Try to anticipate the possible replies.

There are five dialogues in this unit, all dealing with directions and places. Work through each of them in turn in the usual way.

Dialogue 1: En la recepción del hotel

At a hotel reception in Spain.

Señora	Buenos días.
Recepcionista	Buenos días, señora.
Señora	Por favor, ¿hay algún mercado por aquí?
Recepcionista	Sí, hay uno en la calle Monistrol.
Señora	¿Y dónde está la calle Monistrol?
Recepcionista	Está a la derecha, al final de esta calle.
Señora	Gracias.
Recepcionista	De nada.

Vocabulary

¿hay algún mercado…? *is there a market …?*
por aquí *around here*

¿dónde está? *where is (it)?*
a la derecha *on the right*
al final de *at the end of*

esta *this*
de nada *you're welcome, it's a pleasure*

cuarenta y nueve **49**

Dialogue 2:   En una oficina de turismo

At a tourist information office

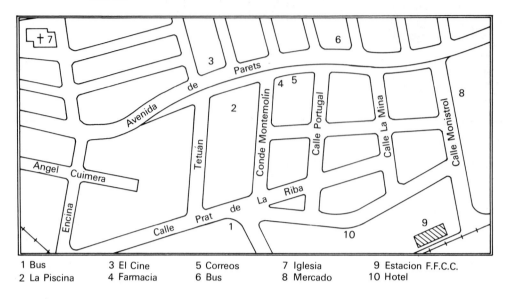

| 1 Bus | 3 El Cine | 5 Correos | 7 Iglesia | 9 Estacion F.F.C.C. |
| 2 La Piscina | 4 Farmacia | 6 Bus | 8 Mercado | 10 Hotel |

Turista	Buenas tardes.
Empleada	Buenas tardes. ¿Qué desea?
Turista	Por favor, ¿dónde está Correos?
Empleada	Está en la Avenida de Parets entre Conde Montemolín y la Calle Portugal.
Turista	¿Tiene Vd. un plano de la ciudad?
Empleada	Sí, aquí tiene Vd. Mire, nosotros estamos aquí, y ésta es la Avenida de Parets. Correos está entre estas dos calles.
Turista	Muchas gracias.
Empleada	No hay de qué.

Vocabulary

¿qué desea? *can I help you?*
Correos *post office*
la avenida *avenue*
entre *between*

un plano *map, plan*
aquí tiene Vd. *here you are*
mire *look*
estas *these*

muchas gracias *thank you very much*
no hay de qué *don't mention it*

Notes

1 **¿Qué desea?** *Can I help you?*   This sentence means literally *what do you wish?* (**desear** *to wish*). In the same context you might hear **¿dígame?** (from **decir** *to tell*, literally *tell me*).

2 **Correos** *post-office.*   **Correos** is short for **la oficina de correos**, therefore the verb that accompanies it must be in the singular: **¿dónde está Correos?**

3 **No hay de qué** and **de nada** are standard ways of responding to someone thanking you.

Dialogue 3:   En la calle

In the street

Señorita	Perdone, ¿hay alguna farmacia por aquí?
Guardia	Sí, hay una en la Avenida de Parets, al lado de Correos, a la izquierda.
Señorita	¿Está lejos?
Guardia	No, está bastante cerca. A unos cinco minutos de aquí.
Señorita	Gracias, adiós.
Guardia	Adiós.

Vocabulary

perdone *excuse me*
¿hay alguna farmacia? *is there a chemist's?*
el guardia *policeman*

a unos cinco minutos *about five minutes*
al lado de *next to*
a la izquierda *on the left*

¿está lejos? *is it far?*
adiós *goodbye*

Notes

1 To stop someone in the street to ask for directions you may say **perdone** or **por favor**.

2 Note the difference between **cerca** and **cerca de** meaning *near.* **¿Está cerca?** *Is it near?* **Sí, está cerca de la farmacia.** *Yes, it's near the chemist's.*

Dialogue 4:   ¿Por dónde se va al aeropuerto?

A driver asks a policeman the way to the airport.

Conductor	Perdone, ¿por dónde se va al aeropuerto?
Guardia	Siga todo recto y al final de esta calle doble a la derecha.
Conductor	¿Está muy lejos?
Guardia	Está a cinco kilómetros de aquí más o menos.
Conductor	Gracias.
Guardia	De nada.

Vocabulary

¿por dónde se va a…? *how can I get to …?*

el conductor *driver*

siga todo recto *go straight on*

doble a la derecha *turn right*

más o menos *more or less*

Notes

1 **¿Por dónde se va a…?** *How can I get to …?* This is an impersonal sentence, in which **se** stands for *one*. The verb which follows must be in the third person singular **se va** *one goes* (literally, *how does one go to?*). You will find this a very useful basic question for seeking directions.

Dialogue 5: En la recepción de la oficina

At Comercial Hispana, Paul Richards, a business executive, has come to see señor García.

Sr. Richards	Buenas tardes.
Recepcionista	Buenas tardes.
Sr. Richards	¿Está el señor García, por favor?
Recepcionista	Sí, sí está señor. ¿De parte de quién?
Sr. Richards	De parte de Paul Richards, de Londres.
Recepcionista	Ah sí, el señor García le espera. Su oficina es la número 410. Está en el cuarto piso, al fondo del pasillo, a la izquierda.
Sr. Richards	Gracias. ¿Dónde están los ascensores?
Recepcionista	Están aquí, a mano derecha.

Vocabulary

¿de parte de quién? *your name, please?*

le espera *he's waiting for you*

el cuarto piso *fourth floor*

al fondo *at the end*

el pasillo *corridor*

el ascensor *lift*

a mano derecha *on the right-hand side*

Notes

1 **¿Está el señor García?** *Is Sr. García in?* Note this useful expression if you want to know if someone is in. Another example: **¿Están tus padres?** *Are your parents in?*

2 **¿De parte de quién?** has the sense of *your name, please?* or *who shall I say it is?* if you are speaking to somebody personally. On the phone, it translates as *who's calling?* **De parte de** means *from* or *on behalf of*.

3 **Su oficina es la número 410.** *His office is number 410.* The **la** here does not refer to **número** which as you know is masculine but to the word **oficina** which is understood but omitted. Note these two examples: **Mi casa es la número 10.** *My house is number 10;* **Su piso es el número 20.** *His flat is number 20.*

4 **el cuarto piso** *the fourth floor* **Piso** can mean *floor* or *storey* as well as *flat*.

Key phrases

Ask and give directions (outside)

¿Dónde está la Calle Monistrol?	*Where's Calle Monistrol?*
Está a la derecha, al final de esta calle.	*It's on the right, at the end of this street.*

Ask and say where places are (inside)

¿Dónde está?	*Where is it?*
Está en el 4° piso, al fondo del pasillo, a la izquierda.	*It's on the 4th floor, at the end of the corridor, on the left.*

Ask and say how far a place is

¿Está muy lejos?	*Is it very far?*
Está a cinco kilómetros de aquí, más o menos.	*It's five kilometres from here, more or less.*

Exercise 1

A group of Spanish speakers is visiting your company and, as you speak Spanish, you have been asked to look after them. Here comes one of them. Be prepared! Be informal and use the **tú** form.

Correos

Visitante	Hola.
Usted	(Say hello. How are you?)
Visitante	Bien, gracias. Dime, ¿hay algún banco por aquí?
Usted	(Say there is one on the left, at the end of this street.)
Visitante	¿Está lejos?
Usted	(Say it is only three minutes away from here.)
Visitante	Y Correos, ¿dónde está?
Usted	(Say it is next to the bank, on the right hand side.)
Visitante	Gracias. Ah, ¿y hay alguna estación de metro cerca de aquí?
Usted	(Say the underground station is far from here, but there is a bus into town, bus number 5. The bus stop is on the corner.)

Vocabulary

la estación de metro *underground station*	**el autobús** *bus*	**la parada** *bus stop*
	hacia el centro *into town*	**la esquina** *corner*

Exercise 2 | Read this extract from a letter giving directions.

> La compañía está en la Avenida Los Insurgentes, 552, entre la Calle San Martín y la Calle Guatemala, al lado del Banco de la Nación. Mi oficina es la número 550 y está en el quinto piso ...

A Spanish person is coming to your office, house or apartment for the first time. Write a similar note saying where it is. Here are some phrases you may need:

enfrente de *opposite*   **al otro lado de** *on the other side of*
junto a *next to*

Exercise 3

HW

Planta baja   Patio   Primer piso

A Spanish-speaking colleague is describing his/her house to you. Read the description and then describe your house or flat in the same way.

Mi casa tiene dos pisos. En la planta baja está la sala. Enfrente de la sala está el comedor. Al fondo está la cocina y al lado de la cocina hay un baño. En el primer piso están los dormitorios: nuestro dormitorio y el de los niños. Entre los dos dormitorios está el baño. Junto a la casa hay un garaje y detrás de la casa hay un patio pequeño.

Vocabulary

la casa *house*	**el baño** *bathroom*	**el garaje** *garage*
la planta baja *ground floor*	**el dormitorio** *bedroom*	**detrás de** *behind*
la sala *sitting room*	**el de los niños** *the children's*	**el patio** *courtyard*
el comedor *dining room*	(one)	
la cocina *kitchen*	**los niños** *children*	

Exercise 4

Look at the table and the map of Spain below. Then answer the questions which follow, using sentences like these:

Está en el norte/sur/este/ oeste/centro.	*It's in the north/south/east/ west/centre.*
Está en el nor(d) este/noroeste.	*It's in the northeast/northwest.*
Está en el sudeste/sudoeste or **suroeste.**	*It's in the southeast/ southwest.*
Está a cien kilómetros (de Madrid).	*It's 100 km (from Madrid).*

Distancias	km
Madrid a Toledo	70
Madrid a Barcelona	620
Barcelona a Valencia	355
Bilbao a La Coruña	633

1 ¿Dónde está Toledo? ¿A qué distancia está de Madrid?
2 ¿Dónde está Barcelona? ¿A qué distancia está de Madrid?
3 ¿Dónde está Valencia? ¿A qué distancia está de Barcelona?
4 ¿Dónde está La Coruña? ¿A qué distancia está de Bilbao?

Comprehension 1

HW

You are at the Tourist Office in a Spanish town waiting to get some brochures and a map of the town. While you wait you hear some people asking for directions. There is a lot of traffic noise and you can't hear every word. Listen to the conversations carefully and fill in the missing words in the text.

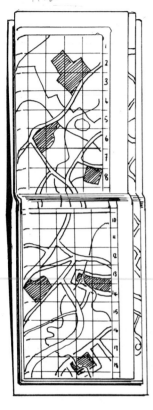

1 *Señor 1*   Perdone. ¿Hay _____ banco _____ aquí?

Empleada   Sí, hay _____ al final de la _____ de

Nuestra Señora del Carmen, esquina de Jaime I.

Señor 1   Gracias.

Empleada   De nada.

2 *Señora*   ¿Dónde _____ Correos, por favor?

Empleada   Está _____ la Calle del Sol, _____ la

Avenida Argentina y la Calle Calvo Sotelo.

Señora   ¿Está muy lejos?

Empleada   Está a _____ diez _____ de aquí.

Señora   Gracias, adiós.

Empleada   De nada. Adiós.

Telefónica

3 *Señor 2*   Buenos días. ¿Dónde está la Telefónica?

Empleada   La Telefónica está _____ poco _____ de

aquí. Está al _____ de la Avenida Francia,

_____ la Plaza España.

Señor 2   ¿Hay _____ autobús _____ la Plaza

España?

Empleada   Sí, el número _____ por la Plaza España.

Señor 2   ¿Dónde _____ la _____?

Empleada   Está a la _____, al otro

_____ de la calle.

Señor 2   Muchas gracias.

Empleada   _____

Correos

En una calle de Barcelona

Comprehension 2

Read the following passage and then test your understanding of it by doing the true or false exercise that follows the list of new words.

El puerto de Barcelona

La Sagrada Familia

Cataluña

España es un país de grandes contrastes geográficos, culturales, económicos y sociales. Cada región de España tiene sus características propias. En el noreste está Cataluña, una de las comunidades autónomas más industriales y prósperas de la Península Ibérica. Barcelona, la capital de Cataluña, importante puerto comercial, es la segunda ciudad más grande de España. Es una ciudad cosmopolita, con una importante vida cultural y con un ambiente más europeo que el resto de la Península. Es una ciudad atractiva, con un clima templado y gran afluencia de turistas extranjeros.

Los habitantes de Cataluña, los catalanes, hablan normalmente catalán, aunque la mayoría conoce también el castellano.

Entre los principales centros de interés turístico de Cataluña, y de Barcelona en especial, están sus museos, por ejemplo el Museo de Picasso y el Museo de Arte Románico, ambos situados en Barcelona. En Figueras, en el norte de Cataluña, está el Museo de Dalí.

Importante también es su arquitectura, en particular la modernista, presente en las numerosas obras del arquitecto catalán Antonio Gaudí (1852–1926). Entre ellas destaca la Iglesia de la Sagrada Familia en Barcelona, una obra monumental dejada inconclusa después de la muerte de Gaudí.

Cataluña tiene gran importancia económica y en ella hay una gran concentración industrial. Una gran parte de las industrias está en Barcelona. En ellas trabajan muchas personas de otras regiones de España, especialmente de Andalucía.

Vocabulary

cada *each*	**extranjero** *foreign*	**la iglesia** *church*
propias *own*	**aunque** *although*	**dejada inconclusa** *left*
más *most*	**la mayoría** *the majority*	*unfinished*
el puerto *port*	**entre** *among*	**después de** *afterwards, after*
la... más grande *largest*	**en especial** *especially*	**la muerte** *death*
la vida *life*	**por ejemplo** *for example*	**ella** *it*
el ambiente *atmosphere*	**ambos** *both*	**una gran parte** *a great part*
más... que *more than*	**las obras** *works*	**muchas personas** *many*
templado *temperate*	**ellas** *them*	*people*
la afluencia *flow*	**destacar** *to stand out*	**otras** *other*

True or False? Say whether the following statements are true or false. Correct false statements.

1 Cataluña está en el noroeste de España.
2 Barcelona es un puerto.
3 Cataluña tiene un clima frío.
4 Los catalanes hablan normalmente español.
5 El Musec de Dalí está en Barcelona.
6 Gaudí es un arquitecto andaluz.
7 La mayoría de las industrias catalanas está en Barcelona.

Pronunciation

Listen and repeat: **e**

e is pronounced like the *e* in *ten*.

1 Buenas tardes. ¿Qué desea?
2 El mercado, por favor.
3 Está a la derecha, enfrente del restaurante.
4 Perdone, ¿está el señor Emilio Fernández?
5 ¿De parte de quién?
6 De parte de Elena Valle.

Language structures

Verbs **Estar** *to be* to express location and distance

¿Dónde **está** Correos?	*Where is the post office?*
Está en la Avenida de Parets.	*It is in Avenida de Parets.*
¿Dónde **están** los ascensores?	*Where are the lifts?*
Está aquí.	*They are here.*
¿**Está** muy lejos?	*Is it very far?*
Está a cinco kilómetros de aquí.	*It is five kilometres from here.*

Adjectives   **Alguno** *a, some, any*

Alguno, like other adjectives, changes for gender (masculine/feminine) and number (singular/plural). Note that before a masculine, singular noun **alguno** drops the **o** and has an accent on the **ú** (**algún**).

Singular	
(m) ¿Hay **algún** banco por aquí?	*Is there a bank around here?*
(f) ¿Hay **alguna** farmacia?	*Is there a chemist's?*
Plural	
(m) Hay **algunos** bancos.	*There are some banks.*
(f) Hay **algunas** farmacias.	*There are some chemists'.*

Prepositions   Here is a list of some useful simple and compound prepositions

en la calle Monistrol	*in Calle Monistrol*
entre la Calle X y la Calle Y	*between Calle X and Calle Y*
enfrente de la sala	*opposite the sitting room*
a la derecha/izquierda	*on the right/left*
al final de esta calle	*at the end of this street*
al fondo del pasillo	*at the end of the corridor*
al lado de la cocina	*next to the kitchen*
delante del garaje	*in front of the garage*
junto a la casa	*next to the house*
detrás de la casa	*behind the house*
por aquí	*around here/near here*
El autobús pasa **por** la plaza.	*The bus passes through the square.*
¿Por dónde...?	*Which way ...?*

Remember how **a** and **de** become **al** and **del** respectively when used with **el**.

Demonstratives   Demonstrative pronouns and adjectives: **éste** and **este** *this*

To say *this* in Spanish, as in *this is the bank*, we use the word **éste**, which changes for gender and number.

Singular	
(m) **Éste** es el banco.	*This is the bank.*
(f) **Ésta** es la calle Mayor.	*This is Calle Mayor.*
Plural	
(m) **Éstos** son mis amigos.	*These are my friends.* (males or mixed group)
(f) **Éstas** son mis amigas.	*These are my friends.* (females)

In the examples above, the words **éste, ésta, éstos, éstas,** are functioning as pronouns (i.e. replacing a noun), and they are normally written with an accent. When they are followed by a noun, as in *these streets*, they function as adjectives, and the accent is omitted.

este banco	*this bank*	**esta** oficina	*this office*
estos cafés	*these cafés*	**estas** calles	*these streets*

Language progress check

Exercise 5

Ask where these places and these people are.

Example: El banco. ¿Dónde está el banco?

1 La farmacia
2 La Calle Mayor
3 Los ascensores
4 El señor García
5 La oficina 325
6 Los teléfonos

Exercise 6

Read through these texts and explain where the different places are.

Aquí está el mapa. Correos está al lado del banco; la Plaza de España está aquí, al final de esta calle. El museo está entre el banco y la iglesia.

Mi oficina está en el cuarto piso. La oficina del señor Sánchez está en el segundo piso, al final del pasillo. La cafetería está en la planta baja, y hay unos teléfonos cerca de la entrada.

Exercise 7

Complete this dialogue with the missing words.

Señor   Perdone, ¿hay _____ supermercado por aquí?

Señorita   Sí, hay _____ en la Calle Mayor.

Señor   ¿Dónde _____ la Calle Mayor?

Señorita   Es la segunda calle _____ la derecha.

Señor   ¿Está lejos?

Señorita   No, está bastante _____, a cinco minutos de

          _____

Señor   _____ gracias.

Señorita   De _____

Cultural briefing

Asking the way in Spanish may be a lot easier than you think. The simple standard phrase **¿dónde está?** (singular) or **¿dónde están?** (plural) can take you a long way. Understanding directions, however, may prove a little more difficult, as people tend to use a variety of instructions and these are not always very clear. Although at this stage you may not be able to use them, you should at least try to recognise them when you hear them. Here are some of the most common:

siga todo recto *go straight on*
siga por esta calle *continue along this street*
hasta el semáforo *as far as the traffic lights*
doble a la derecha/izquierda *turn right/left*
coja la primera/segunda calle a la derecha/izquierda *take the first/second street on the right/left*

In Spanish America, you will often hear the word **cuadra** *block* in this context, e.g. **Está a dos cuadras de aquí**. *It is two blocks from here.*

Consolidation

It is your first visit to a town in a Spanish-speaking country, and you need to find your way around. The hotel receptionist will help you. Listen to your cassette and speak your part after the English speaker tells you what to say. Look through the dialogue here first to prepare yourself.

Usted	(Ask if there is a restaurant nearby.)
Recepcionista	Sí, hay uno muy bueno en la Avenida Miramar.
Usted	(Say you don't know the city. Ask where Avenida Miramar is.)
Recepcionista	La Avenida Miramar está al final de esta calle y el restaurante está al lado de la catedral.

Usted	(Ask if it is very far.)
Recepcionista	No, está a diez minutos de aquí.
Usted	(Thank the receptionist and say goodbye.)

Checklist

Before moving on to Unit 6 are you sure you can carry out the following tasks in Spanish?

1 Ask where somewhere is
2 Ask how you get to a place

3 Ask how far a place is
4 Say where somewhere is
5 Give directions to a place
6 Say how far a place is.

Las Ramblas, Barcelona

UNIT 6 Hay que hacer transbordo

In Unit 6 you will learn how to …

- ask for and give information about transport
- ask and tell the time
- talk about specific times
- ask and say what you have to do or need to do.

Work through the dialogues following your usual procedure. See how much more you can grasp each time you listen.

Dialogue 1: ¿Hay alguna estación de metro por aquí?

Paul Richards is visiting Madrid. He stops a passer-by to ask for directions.

Paul	Perdone, ¿sabe Vd. si hay alguna estación de metro por aquí?
Transeúnte 1	Lo siento, no lo sé. No soy de aquí.

Paul	(*stopping another passer-by*) Por favor, ¿hay alguna estación de metro por aquí?
Transeúnte 2	No, por aquí no hay ninguna. La estación más cercana es la de Goya.
Paul	¿Está muy lejos?
Transeúnte 2	Pues, está a unos diez minutos andando. Pero el autobús número cinco pasa por Goya. La parada está en esa esquina.
Paul	Muchas gracias.
Transeúnte 2	De nada.

Vocabulary

lo siento *I'm sorry*
no hay ninguna *there isn't one*

la... más cercana *the nearest*
pues *well, then*

andando *walking, on foot*
pasar por *to go past*
esa *that*

Notes

1 **Pues** is often used in Spanish at the start of a sentence. In this context, it can be said to be equivalent to the English word *well*.

2 **Está a unos diez minutos andando.** *It's about a ten-minute walk.* This is another useful phrase to use in giving directions. It can be adapted easily, e.g. **está a veinte minutos en coche** *it's a twenty-minute drive*; **está a unos cinco minutos en metro** *it's about five minutes by underground.*

Dialogue 2: ¿Qué línea tengo que tomar?

At Estación de Goya

Paul	Perdone, ¿qué línea tengo que tomar para ir a República Argentina?
Empleada	Tiene que tomar la línea que va a Esperanza.
Paul	¿Hay que hacer transbordo?
Empleada	Sí, tiene que hacer transbordo en Diego de León. Allí coja la línea que va a Cuatro Caminos. Ésa pasa por República Argentina.
Paul	Gracias.

Vocabulary

¿qué línea tengo que tomar? *what line do I have to take?*
para ir a *(in order) to go to*

... que va a Esperanza *... which goes to Esperanza*
¿hay que hacer transbordo? *do I need to change?*

coja *take*
ésa *that one*

Notes

1 Notice the use of **tener que** in the sense of *to have to*: **¿qué línea tengo que tomar?** *what line do I have to take?* **tiene que hacer transbordo** *you have to change.* There is more about this in the Language structures.

2 **Coja** is part of **coger** which, like **tomar**, means *to take.* **Tomar** is a more general word which can be used in other contexts,

for example with reference to food or drinks (e.g. **¿qué tomas?** *what are you having?*). In relation to travel, however, **coger** is used more often in Spain than **tomar**. Those travelling in Spanish America should beware that **coger** is a taboo word in certain countries, for example Argentina. If in doubt, stick to the safe word **tomar**.

Dialogue 3: Preparaciones para salir al aeropuerto

At Comercial Hispana señor García is preparing to travel to Mexico. Before leaving for the airport he talks to his secretary.

Sr. García   Por favor, ¿qué hora es?
Secretaria   Son las doce.
Sr. García   ¿A qué hora sale el avión para México?
Secretaria   Sale a las dos y cuarto. Tiene que estar en el aeropuerto a la una y cuarto. ¿Necesita un taxi?
Sr. García   No hace falta, gracias. Voy con mi mujer en el coche. Ella viene a las doce y media.

Vocabulary

¿qué hora es? *what's the time?, what time is it?*
son las doce *it's 12 o'clock*
¿a qué hora sale? *what time does it leave?*
el avión *aeroplane*

las dos y cuarto *a quarter past two*
necesitar *to need*
no hace falta *it's not necessary, there's no need*

voy con mi mujer *I'm going with my wife*
el coche *car*
ella viene *she's coming*
las doce y media *half-past twelve*

Notes

1 **Tiene que estar en el aeropuerto** *You have to be at the airport* In Spanish **en** is used to translate the English *at:* **en la oficina** *at the office*, **en casa** *at home.*

2 In official situations, such as at a travel agency or a railway station people use the twenty-four hour clock, e.g. **las catorce**

quince instead of **las dos y cuarto**, **las trece quince** instead of **la una y cuarto**. There is more on telling the time in Exercise 3.

3 Try not to confuse **cuarto** *quarter* with **cuatro** *four*: **las cuatro y cuarto** *quarter past four.*

Key phrases

Ask and give information about transport

¿Qué línea tengo que tomar?	What line do I have to take?
Tiene que tomar la línea que va a Esperanza.	You have to take the line which goes to Esperanza.

Ask and tell the time

¿Qué hora es?   What is the time?

Es la una.   It is one o'clock.

Son las doce.   It is twelve o'clock.

Talk about specific times

¿A qué hora sale el avión para México?	What time does the plane for Mexico leave?
Sale a las dos y cuarto.	It leaves at a quarter past two.

Ask and say what you have to do or need to do

¿Hay que hacer transbordo?	Does one/Do I need to change?
Tiene que hacer transbordo.	You have to change.
No hace falta.	It is not necessary.

Exercise 1

What questions would you ask to get these answers?

1 Para ir a Retiro tiene que coger la línea que va a Ventas.
2 Para ir a Quevedo tiene que tomar la línea que va a Cuatro Caminos.
3 No, no hace falta hacer transbordo.
4 El autobús sale a las 3.00.
5 La parada está en esa esquina.
6 Sí, por favor. Necesito un taxi.

Exercise 2

An English-speaking colleague is going to Spain on holiday and would like to return home through Paris by train. A Spanish friend has sent him the following rail travel information and he would like you to clarify one or two points for him. Answer his questions in English.

1 Do I have to change trains when going from Madrid to Paris?
2 What is the name of the train?
3 Can I get a bed on the train?
4 Is there a restaurant car?

New words in this advertisement will be found in the Spanish–English vocabulary at the back of the book.

Para viajar al extranjero.

A Francia, sin transbordo en la frontera, en el Talgo Barcelona-París, con coches-cama de todo tipo —camas individuales, dobles y turísticas— y servicio de cafetería.
O, desde Madrid, también sin transbordo, en el Puerta del Sol Madrid-París, con 1ª y 2ª clase, camas en sus tres modalidades, literas, servicio de restaurante y autoexpreso.

A Portugal, en el Lusitana Expreso, con servicio de restaurante, 1ª y 2ª clase, literas y camas

en sus tres modalidades, o de día, en el Lisboa Expreso Ter, con 1ª y 2ª clase.
A Suiza, en el catalán Talgo Barcelona-Ginebra, con servicio de restaurante y cafetería.

| **Exercise 3** | Practise asking and telling the time. Look at the clock faces and see how Spanish speakers tell the time. Try substituting different times to see if you can operate their system successfully. |

¿Qué hora es?

Es la una.

Es la una y cuarto.

Son las dos menos cuarto.

Son las dos.

Son las dos y media.

Son las tres.

Son las seis y diez.

Son las ocho y veinticinco.

Son las diez menos veinte

Note that **es** is used with **la una**, and **son** with all the other hours.

Exercise 4

You want to travel from Spain to France on the Talgo, a high-speed train. While browsing through a Spanish magazine you come across this advertisement providing the information that you require. Read through it and then answer the questions about it. You will find new words you need in the vocabulary at the back of the book, but do note these two verbs:
llegar *to arrive*, **tardar** *to take (time)*.

DESTINO
... PARIS

Cambio automático de vías.

Gracias a su cambio automático de ancho de vías, la frontera la pasa usted sin notarlo.

Todos los días, a las 21'50 en la Estación de Francia.

Con un horario previsto especialmente para que usted pueda aprovechar

mejor todo el día siguiente en París, el Barcelona-Talgo sale todos los días por la noche de la Estación de Francia.

A París hay que llegar en forma.

Cenar en el tren, tomar una copa..., y dormir tranquilamente, disfrutando de todas las ventajas del Barcelona-Talgo, en el que cada

detalle está pensado para su tranquilidad y confort.

Amanecer en el centro de París.

A la mañana siguiente, el Louvre, el Sena, Notre Dame..., todo París a su alcance. El Barcelona-Talgo le deja en la Estación de Austerlitz, en el mismo centro de la ciudad.

HORARIOS

SALIDA	LLEGADA
BARCELONA-Tno. 21,50 h.	PARIS-Austerlitz 9,30 h.
PARIS-Austerlitz 21,00 h.	BARCELONA-Tno. 8,55 h.

1 ¿A qué ciudad de Francia va el Talgo?
2 ¿A qué hora sale de Barcelona?
3 ¿De qué estación sale?
4 ¿A qué estación llega?
5 ¿A qué hora llega a París?
6 ¿Cuántas horas tarda?

Notes

1 You will notice that the twenty-four hour clock is commonly used in Spain when referring to air and rail timetables. In this context you will frequently hear people express times much as they do in English by saying, for example, **las nueve treinta** instead of **las nueve y media** for *9.30*, or **las veinte cincuenta** instead of **las nueve menos diez** for *20.50*. When you come to Comprehension 1 later in this unit you will hear one speaker express *11.30* as **las once y media** and the other as **las once treinta**.

Exercise 5

The following letter has been received by your company and as the manager does not understand Spanish he/she has asked you to translate it.

HOTELES UNIDOS

Apartado 347 – Av. del Mar, 32,
29670 San Pedro de Alcántara, Málaga
Teléfono (952) – 78 41 56

Málaga, 15 de mayo de 1992.

Johnson & Co. Ltd.
44 St Mary's Road
Londres W5
Inglaterra

Muy señores nuestros:

La presente tiene por objeto anunciarles el viaje a Londres de nuestro representante, el señor Gustavo Lagos. El señor Lagos viaja en el vuelo 521 de Iberia el próximo lunes 25 de mayo. Sale de Málaga a las 16.30 y llega a Heathrow a las 18.30, hora local.

Les saluda muy atentamente.

Ramón Pérez

Director gerente
Hoteles Unidos

Vocabulary

Muy señores nuestros *Dear Sirs,*
la presente tiene por objeto *this is to*
anunciarles *to inform you (about)*

el representante *representative*
viajar *to travel*
el vuelo *flight*
próximo *next*
el lunes *Monday*

la hora local *local time*

Exercise 6	Patricia Davies, a representative of Johnson & Co. Ltd., is going to Málaga to have talks with señor Ramón Pérez. Write a letter similar to the one on page 69 announcing her visit and giving details of the flight. Study first the days of the week. Remember that, just like the months, they do not begin with a capital letter.

Los días de la semana *The days of the week*

el lunes	*Monday*	el viernes	*Friday*
el martes	*Tuesday*	el sábado	*Saturday*
el miércoles	*Wednesday*	el domingo	*Sunday*
el jueves	*Thursday*		

Note: **el martes** on Tuesday, **los martes** on Tuesdays, **los sábados** on Saturdays.

Comprehension 1

1 At a travel agency in Mexico two colleagues discuss some travel arrangements. Listen several times to their conversation. Fill in the tables below with the travellers' requirements, regarding destination, date, time, alternative date, date of return journey and class.

Nombre: Sr. Cristóbal Valdés

Destino	Fecha y hora	Alternativa	Fecha de regreso	Clase

Nombre: Sr. y Sra. Ramos

Destino	Fecha y hora	Línea Aérea	Fecha de regreso	Clase

Vocabulary

el recado *message*	**antes de** *before*	**la línea aérea** *airline*
que quiere *who wants*	**la vuelta** *return*	
la plaza *seat*	**el regreso** *return*	

---

2 Señor Ramos has come to confirm the details of his flight. These are his questions. What are the answers?

a) ¿Para qué fecha es mi vuelo?
b) ¿A qué hora sale el avión?
c) ¿Cuál es la fecha de regreso?
d) ¿Qué línea aérea es?
e) ¿A qué hora sale el avión de Nueva York?

Comprehension 2

Read the following information about transport in Spain. Take it a section at a time, using the vocabulary to help you. Finally attempt the tasks that follow it.

El transporte en España

La geografía de España, particularmente sus montañas, hacen difíciles y costosas las comunicaciones entre distintos puntos del país. Madrid está conectado con las ciudades más importantes a través de un sistema radial de carreteras que salen desde la capital hacia diversos puntos de la Península. Pero las comunicaciones entre las provincias y entre las ciudades y pueblos del interior y de la periferia son en general deficientes. Frecuentemente hay que viajar muchas horas para cubrir distancias relativamente cortas. A diferencia de otros países de Europa y de los Estados Unidos, España no tiene una red nacional de autopistas. Actualmente, sin embargo, hay un importante proceso de expansión de las comunicaciones, que incluye la construcción de autopistas y la extensión y modernización de los ferrocarriles.

RENFE (Red Nacional de los Ferrocarriles Españoles)

RENFE tiene un amplio servicio nacional e internacional. En muchas partes del país el servicio es lento y deficiente en general. Pero las ciudades principales están ahora unidas por un servicio de trenes rápido y moderno. El Talgo, por ejemplo, es un tren muy rápido, que alcanza una velocidad de doscientos km por hora. El Talgo une a Madrid con Sevilla, Barcelona y otras ciudades principales. Un tren de alta velocidad une ahora Sevilla con Madrid. También hay un servicio internacional que va a París, Lisboa y Ginebra.

Iberia

Iberia es la línea aérea española nacional e internacional. Iberia tiene una importante flota de modernos aviones que viajan a las principales capitales del mundo. Existe un excelente servicio de vuelos entre España y Latinoamérica. Aviaco es otra línea aérea española.

Debido a las deficiencias en las comunicaciones terrestres, el transporte aéreo es muy importante en España. Entre Madrid y Barcelona, por ejemplo, hay un puente aéreo, con varios vuelos al día.

SALIDA		LLEGADA	
MADRID	16.40	ABIDJAN	21.00
ABIDJAN	22.00	LAGOS	24.20
LAGOS	01.20	MADRID	06.20

Vocabulary

a través de *by means of*
la carretera *highway*
el pueblo *small town*
cubrir *to cover*
corto *short*
a diferencia de *unlike*
los Estados Unidos *USA*
la red *network*

la autopista *motorway*
sin embargo *however*
amplio *extensive*
e *and*
lento *slow*
unido *linked*
alcanzar *to reach*
unir a *to link*

la flota *fleet*
el mundo *world*
debido a *due to, owing to, given*
terrestre (adj.) *land*
el puente aéreo *shuttle*
varios *several*

Notes

1 **e** is used instead of **y** before words beginning with **i** or **hi**.

1 You have been asked to assist in the publication of a brochure on Spain for English speakers. Write a brief summary in English of the passage **El transporte en España** for inclusion in that brochure.

2 Translate into English the passage **Iberia**.

Pronunciation

 Listen and repeat: **g**.

Before **e** and **i**, **g** is pronounced like the *ch* in the Scottish word *loch*. Before other letters it is pronounced like the *g* in *give*.

1 ¿Hay alguna estación de metro por aquí?
2 Por aquí no hay ninguna.
3 ¿Qué línea tengo que coger para ir a República Argentina?
4 El vuelo A**G** 355 que viene de **G**ibraltar lle**g**a a las 6.00.

Language structures

Negatives **Ninguno** *none, any, not ... one*

Ninguno changes for gender (masculine and feminine). It has no plural form.

¿Hay alguna estación de metro por aquí?	*Is there an underground station nearby?*
Por aquí no hay **ninguna**.	*There isn't one around here/ There aren't any around here.*
¿Hay algún banco?	*Is there a bank?*
No hay **ningún** banco, or	*There's no bank.*
No hay **ninguno**.	*There isn't one.*

Notice that **ninguno** changes to **ningún** before a masculine noun, just as **alguno** changes to **algún**.

Prepositions — **Para** and **por**

Para:	
para ir a...	to go/in order to go to ...
el avión **para** México	the plane for/bound for Mexico
para su tranquilidad	for your comfort
para el lunes	for/by Monday
Por:	
Pasa **por** Goya.	It goes past/through Goya.
¿**Por** dónde?	Which way?
por aquí	this way
por la mañana/tarde/noche	in the morning/afternoon/evening
por ejemplo	for example

Demonstratives — Demonstrative adjectives and pronouns: **ese** and **ése** *that*

To say *that* in Spanish, as in *that bank*, we use the word **ese**, which changes for gender and number.

Singular		
(m)	**ese** banco	*that bank*
(f)	**esa** esquina	*that corner*
Plural		
(m)	**esos** señores	*those gentlemen*
(f)	**esas** señoras	*those ladies*

In the examples above, the words **ese**, **esa**, **esos**, **esas** are functioning as adjectives but they may also be used as pronouns (i.e. replacing a noun), in which case they are normally written with an accent.

Ése es el banco.	*That is the bank.*
Ésa es la esquina.	*That is the corner.*

Verbs — Obligation and need

To express obligation and need you can use: **tener que** *to have to*, **hacer falta** *to be necessary*, **hay que** *one has to*. Notice that they are followed by the infinitive of another verb. **Tener que** is conjugated like **tener**.

¿Qué línea **tengo que** tomar?	*What line do I have to take?*
Tiene que tomar...	*You have to take ...*

Hacer falta is always used in the third person singular and does not change (**hace falta**); likewise **hay que**. They are known as impersonal verb forms.

No **hace falta** ir en taxi.	*It is not necessary to go by taxi.*
¿**Hay que** hacer transbordo?	*Does one/Do I have to change.*
Sí, **hay que** hacer transbordo.	*Yes, you have/one has to change.*

Ir *to go*

Ir is an irregular verb. Here are some of its forms in the present tense.

Voy a Barcelona.	*I go/am going to Barcelona.*
¿Dónde **vas**?	*Where are you going?* (familiar)
Va a Madrid.	*You go* (polite), *he/she/it goes to Madrid; you are going, he/she/it is going to Madrid.*
Vamos a París.	*We go/are going to Paris.*
Van en coche.	*You* (polite)/*they go/are going by car.*

Venir *to come*

Venir is irregular in the first person singular of the present tense: **vengo** *I come*. It is also a stem-changing verb: its stem, **ven**, changes the **e** into **ie** (in the second and third person singular and third person plural), just like **tener** in fact.

Vengo mañana.	*I'm coming tomorrow.*
¿**Vienes** conmigo?	*Are you coming with me?* (familiar)
Viene.	*You come* (polite), *he/she/it comes; you are coming, he/she/it is coming.*
No **venimos** en tren.	*We are not coming by train.*
Vienen el lunes.	*You* (polite)/*they come/are coming on Monday.*

Language progress check

Exercise 7

Make negative statements following the example.

Example: ¿Hay algún banco por aquí?
        Por aquí no hay ninguno.

1   ¿Hay alguna estación de metro por aquí?
2   ¿Pasa algún autobús por aquí?
3   ¿Hay algún tren a las 10.00?
4   ¿Sale algún avión a las 4.00?
5   ¿Tiene Vd. alguna reserva?
6   ¿Hay alguna plaza en ese avión?

Exercise 8

Make up negative sentences using **ése** or any other of its forms.
Note: **el autocar** means *coach*.

Example: ¿Es éste el tren para Sevilla?
        No, el tren para Sevilla es ése.

1   ¿Es éste el vuelo para Buenos Aires?
2   ¿Es ésta la estación de Goya?
3   ¿Es éste el autocar para Barcelona?
4   ¿Es ésta la señora Martínez?
5   ¿Son éstos sus amigos?
6   ¿Son éstas sus hijas?

Exercise 9

Read through this passage and put in the correct form of the verb in brackets. **Recibirla** means *to meet her*.

La señora Miranda (ser) la directora gerente de una gran empresa española. Mañana lunes la señora Miranda (ir) a Londres a visitar a un cliente de la firma. El vuelo (salir) de Barajas a las 9.00 de la mañana y (llegar) a Londres a las 10.00. Ella (tener) que estar en el aeropuerto a las 8.00. Un representante de la firma británica (venir) al aeropuerto de Heathrow a recibirla.

Cultural briefing

Using public transport

Public transport in Spain may be less comfortable than in other European countries but it is certainly cheaper than in places such as London or Paris. There is a single fare on the buses (**los autobuses**) and on the underground railway system (**el metro**), no matter what distance you are travelling.

Both Madrid and Barcelona have an extensive underground network, with reduced fares for young people and old age pensioners. There are also season tickets available for frequent travellers, which allow them to use not only the underground system but also buses and certain trains. In Madrid, these special tickets are known as **el abono transportes** or **la tarjeta de abono**.

Consolidation

You are in Barcelona for the first time and you need to get around by public transport.

Usted	(Ask if there is an underground station nearby.)
Transeúnte 1	Sí, hay una en la esquina. La estación de Diagonal.
	(*At estación Diagonal*)
Usted	(Ask what line you have to take to go to *el Liceo*.)
Transeúnte 2	Tiene que coger la línea 3 y bajarse en la estación Liceo.
Usted	(Ask if one needs to change.)
Transeúnte 2	No hace falta. Va directo.

Checklist

Before proceeding to Unit 7 are you sure you can carry out the following tasks in Spanish?

1   Ask for information about public transport
2   Ask the time
3   Ask at what time something happens or is to happen
4   Ask what someone has to do or needs to do

5   Give someone information about public transport
6   Tell someone the time
7   Say at what time something happens or is to happen
8   Say what you have to do or need to do.

UNIT 7

Es muy cómodo

In Unit 7 you will learn how to …

- introduce someone (a new way of doing so)
- refer to a state
- describe an object
- describe an organisation.

Dialogue 1: El coche nuevo

Fernando Giménez has bought a new car. In this conversation he describes his car to his friends Gloria and Francisco.

Fernando	Hola.
Francisco	Hola, Fernando.
Gloria	¿Cómo estás?
Fernando	Muy bien, ¿y vosotros cómo estáis?
Gloria	Bien. ¿Y qué tal tú coche?
Fernando	Estupendo. Estoy muy contento con él. Es un coche muy cómodo y bastante económico.
Francisco	¿Qué marca es?
Fernando	Es un Seat Ibiza.
Gloria	Es nuevo, ¿verdad?
Fernando	Sí, es un coche nuevo.
Gloria	¿Y de qué color es?
Fernando	Es blanco. Vosotros también tenéis un Seat, ¿verdad?
Francisco	No, ahora tenemos un Ford Fiesta.
Fernando	¿Qué tal es?
Francisco	Es bastante bueno.
Fernando	¿Es aquel coche que está allí?
Gloria	Sí, aquél azul.

Vocabulary

vosotros *you* (familiar, plural)
¿cómo estáis? *how are you*
  (familiar, plural)
estar contento *to be happy*
con él *with it*

cómodo *comfortable*
la marca *make*
¿de qué color es? *what*
  colour is it?
es blanco *it is white*

aquel coche *that car*
azul *blue*

Notes

1 Fernando, Gloria and Francisco are using the familiar form: **tú** *you*, in the singular, e.g. **¿cómo estás (tú)?** *how are you?* and **vosotros** *you*, in the plural, e.g. **¿cómo estáis (vosotros)?** *how are you?* See Language structures.

2 Notice here another word for *that* : **aquel**. It differs from **ese** and this difference is explained in Language structures.

3 There is a difference between **un coche nuevo** such as Fernando's, and **un nuevo coche**. Both would be translated as *a new car* in English, but **un coche nuevo** means a brand new car while **un nuevo coche** indicates that it is new to its owner but could be second- or even third-hand!

Dialogue 2:   En la feria de muestras de Barcelona

At a trade fair in Barcelona señora Rojas, a businesswoman, introduces señor García to James Wilson, a foreign industrialist. Señor García describes his company to him.

Señora Rojas   Hola, James. ¿Cómo estás?

Mr Wilson   Bien, gracias. ¿Y tú?

Señora Rojas   Muy bien. Mira, te presento a Carlos García. Es el gerente de Comercial Hispana. (*addressing señor García*) Éste es James Wilson, de Inglaterra.

Mr Wilson   Mucho gusto, señor García.

Señor García   Encantado.

Mr Wilson   ¿A qué se dedica su empresa?

Señor García   Nos dedicamos a la importación y exportación de productos manufacturados y de materias primas.

Mr Wilson   ¿Y qué tipo de productos exportan?

Señor García   Exportamos calzado, muebles, electrodomésticos, artículos de deportes y muchos otros productos.

Mr Wilson   ¿Están en Barcelona?

Señor García   Bueno, nuestra oficina principal está en Madrid, pero tenemos agentes en otras ciudades de España, entre ellas Barcelona, y también en algunos países de la Comunidad Europea, en Latinoamérica y en África…

Vocabulary

te presento *let me introduce*
Inglaterra *England*
¿a qué se dedica...? *what does it do?*
nos dedicamos a... *we are engaged in ...*
la importación *import*
la exportación *export*

los productos manufacturados *manufactured products*
las materias primas *raw materials*
el tipo *kind, type*
el calzado *footwear*
los muebles *furniture*

los electrodomésticos *household appliances*
los artículos de deportes *sports goods*
el agente *agent*
la Comunidad Europea *European Community*

Notes

1 **Te presento a Carlos García.** *Let me introduce Carlos García to you* (familiar). Señora Rojas is using the familiar form, **te** *to you*, to address her friend James Wilson. The polite equivalent is **le presento a...** . Note that James addresses Sr. García, whom he has only just met, in the more formal **Vd.** form, referring to **su empresa**.

2 **entre ellas** *amongst them*   After a preposition, *ellos* and *ellas* translate into English as *them*. Likewise **él** and **ella** translate as *him* and *her* respectively: e.g. **con él** *with him*, **para ella** *for her*.

Key phrases

Introduce someone

Te presento a (Carlos García). — May I introduce (Carlos García) to you. (familiar)

Le presento a (Gloria Simpson). — May I introduce (Gloria Simpson) to you. (polite)

Refer to a state (mind, health)

¿Cómo estás? — How are you?
Estoy bien. — I am fine.
Estoy contento/a. — I am happy.

Describe an object

Es un coche muy cómodo. — It is a very comfortable car.
Es nuevo. — It is new.

Describe an organisation

¿A qué se dedica su empresa? — What does your company do?
Nos dedicamos a la importación y exportación. — We import and export.

Exercise 1

At a business meeting you introduce your colleague (**mi colega**) Gloria Simpson to Pablo Díez, your company representative in Madrid. Use the familiar form.

Señor Díez   Hola, ¿Cómo estás?
Vd.   (Answer his greeting and ask him how he is.)
Señor Díez   Muy bien.

Vd.	(Introduce Gloria Simpson to señor Díez. Say she is your colleague.)
Gloria	Encantada.
Señor Díez	Encantado.

Exercise 2

During a coffee break, the conversation suddenly turns to cars. You have recently bought a brand new car.

Señor Díez	¿Y qué tal tu coche nuevo?
Vd.	(Say you are very happy with it. It is an expensive car (**caro**) but it is very good. Ask him if he still (**todavía**) has the Seat 127.)
Señor Díez	Sí, todavía lo tengo. Está un poco viejo, pero es un coche económico. (*addressing Gloria*) ¿Y tú qué coche tienes?
Gloria	Yo no tengo coche.

Vocabulary

todavía lo tengo *I've still got it*   **viejo** *old*

Exercise 3

Describe your car or someone else's car. Use the following questions as a guide to your description. A list of the main colours also follows.

¿Qué marca es?   ¿De qué color es?
¿Qué modelo es?   ¿Qué características tiene?
¿Es nuevo o usado?

Is it a good car? Is it big or small? Is it comfortable? Is it economic?, etc.

Los colores *The colours*					
blanco	*white*	rojo	*red*	naranja	*orange*
negro	*black*	verde	*green*	gris	*grey*
azul	*blue*	marrón	*brown*	amarillo	*yellow*

Note that **naranja** is invariable, i.e. it does not change its form to reflect gender or number. You will often see it used as **color de naranja**.

| Exercise 4 | You are studying some computer literature at a trade fair in Spain. Read this passage and check your understanding by answering the questions which follow. |

¿Qué es un microcomputador?

El microcomputador es un instrumento que sirve para resolver problemas numéricos como todas las computadoras. Su ventaja es que hoy están al alcance de cualquier persona, y a precios muy económicos. Los microcomputadores resuelven problemas matemáticos, por ejemplo, suman y restan. También almacenan información, como registros de inventarios, contabilidad, control de personal, etc.

El microcomputador consiste en una pantalla, con un teclado, un medio de almacenamiento interno (unidad de disco magnético o unidad de cassette) y el computador en sí.

Vocabulary

sirve para *it is used for*
resuelven (resolver) *they solve (to solve)*
su ventaja *their advantage*
estar al alcance de *to be within reach of*
cualquier persona *anyone, everyone*
el precio *price*

sumar *to add*
restar *to subtract*
almacenar *to store*
el registro *register, record*
el inventario *inventory*
la contabilidad *accountancy*
el control de personal *personnel records*
consistir en *to consist of*

una pantalla *screen*
un teclado *keyboard*
un medio *means*
el almacenamiento *storage*
en sí *as such, itself*

---

1 What is a microcomputer, according to the text?
2 What can it be used for?
3 What advantage does it have over other computers?
4 What specific uses of the microcomputer are mentioned in the text?
5 What does a microcomputer consist of?

| Exercise 5 | Your company has received some information in Spanish from a Mexican industrial group and you have been asked to translate it. This is part of the introduction to the text. |

Introducción

Industrias Monterrey está integrado por once empresas que emplean un total de 17.300 personas. Las principales instalaciones de Industrias Monterrey están en la ciudad de Monterrey a 915 kilómetros de la Ciudad de México. Las tres empresas principales producen automóviles, camiones, autobuses, vagones de ferrocarril, vagones para el transporte colectivo (el metro)…

Vocabulary

está integrado por *it is made up of*

emplear *to employ*

producir *to produce*

el camión *lorry*

el vagón de ferrocarril *railway carriage*

el transporte colectivo *public transport*

Exercise 6   Study this description of a Mexican company.

Razón social	Rimex S.A.
País	México
Actividad	Producción de materias primas para plásticos y fibras sintéticas
Situada en	Ciudad de México
Personal	5.500
Filiales	Veracruz y Monterrey

Now read this text:

Rimex S.A. es una empresa mexicana que produce materias primas para plásticos y fibras sintéticas. Rimex S.A., que está en la Ciudad de México, tiene una plantilla de 5.500 empleados y tiene filiales en Veracruz y Monterrey.

Now write a similar paragraph using this information:

Razón social	Corpoven S.A.
País	Venezuela
Actividad	Producción de estructuras metálicas para la construcción
Situada en	Ciudad de Guayana
Personal	2.200
Filiales	Maracaibo y Caracas

New words in this exercise are to be found in the Spanish–English vocabulary at the end of the book.

Comprehension 1

Listen to this talk given by the public relations consultant of a Mexican bank in which she describes the organisation to a group of visiting business people. You are one of those present. Take brief notes in English of the main points of the talk, including the following: number of offices, number of employees, areas in which they operate, overseas branches, future plans for expansion. Familiarise yourself with the following words before you begin.

Vocabulary

la ganadería *cattle farming*	**el ahorro** *saving*	**particulares** *private*
el comercio *trade*	**las sucursales** *branches*	*individuals*
el pago *payment*	**contribuir** *to contribute*	**las entidades** *organisations*
autoservicio *self-service*	**el desarrollo** *development*	

Comprehension 2

Read through these descriptions of some of Spain's regions carefully and then answer the questions about them.

Galicia

En el extremo noroeste de la Península Ibérica está Galicia, zona de clima húmedo, similar al del norte de Inglaterra.

El grado de industrialización de la comunidad autónoma de Galicia es inferior al de otras regiones de España, tales como Madrid, Cataluña y el País Vasco. Entre las actividades económicas más importantes están la pesca y la construcción de barcos.

La actividad agrícola se realiza principalmente en pequeñas fincas donde se cultivan productos tales como el maíz, el trigo, las patatas, la remolacha.

El puerto de Vigo, Galicia

Vocabulary

tales como *such as*	**se realiza** *it is carried out*	**el trigo** *wheat*
la pesca *fishing*	**la finca** *piece of land*	**las patatas** *potatoes*
la construcción de barcos	**se cultivan** *are cultivated*	**la remolacha** *beetroot*
ship building	**el maíz** *maize*	

Sevilla

La Giralda, Sevilla

Andalucía

Al sur de la Península Ibérica está la comunidad autónoma de Andalucía, importante centro turístico de España, gracias a su clima, su sol y sus playas. Su capital es Sevilla, una de las ciudades más grandes de España, y también una de las más hermosas.

Muchos de los habitantes de Andalucía trabajan en la agricultura y en la industria. La producción de vinos es una actividad importante en la zona de Sevilla. También tiene importancia el cultivo del olivo para la fabricación de aceite de oliva, ingrediente indispensable en la cocina española y mediterránea. El sector turismo emplea también a un considerable número de personas.

Vocabulary

hermoso *beautiful*	**el olivo** *olive tree*	**la cocina** *cooking*
el vino *wine*	**la fabricación** *manufacturing*	
el cultivo *cultivation*	**el aceite de oliva** *olive oil*	

San Sebastián

El País Vasco

En el norte de la Península Ibérica, al pie de los Pirineos, está el País Vasco. Las principales ciudades del País Vasco son Bilbao, San Sebastián y Vitoria. Bilbao es la cuarta ciudad más grande de España. Es una ciudad industrial y un importante puerto comercial.

Entre las principales actividades económicas de la región están la pesca, la minería y la industria del acero. Con el acero se fabrica todo tipo de productos metálicos, desde armamentos hasta electrodomésticos. Muchos de estos productos se exportan a otros países de Europa.

Vocabulary

al pie de *at the foot of*
la minería *mining*
el acero *steel*

se fabrica *is manufactured*
desde... hasta *from ... to*
se exportan *are exported*

otros países *other countries*

Say whether the following statements are true or false. Correct false statements.

1 Galicia es una región árida.
2 El grado de industrialización de Galicia es superior al de Cataluña.

3 Sevilla es la ciudad más grande de España.
4 Andalucía es una región agrícola e industrial.
5 El País Vasco está en el norte de la Península Ibérica.
6 La principal actividad económica en el País Vasco es la agricultura.

|| Pronunciation

 Listen and repeat: **i**

i is pronounced approximately like the *ee* in *leek*.

1 Mi oficina no está aquí. Está allí.
2 Le presento a mi amiga Isabel.
3 Ignacio es ingeniero en una industria en Madrid.
4 Mi coche no es el amarillo. Es el gris.

|| Language structures

Verbs   **Estar** *to be* to denote a state

¿Cómo **estáis**?	*How are you?*
(Estamos) bien.	*We are well.*
Estoy muy contento con él.	*I am very happy with it.*

If we are referring to a state, which is transitory, as in the examples above, **estar** and not **ser** must be used. Remember **estar** also expresses location and distance (Unit 5).

Use of the second person plural of verbs: **vosotros** *you*

Just as **tú** is used to address one person in a familiar way, to address two or more people in a familiar way, Spanish uses the pronoun **vosotros**, which has its own form of the verb – the second person plural.

Examples:
ser	¿Vosotros **sois** de aquí?	*Are you from here?*
estar	¿Cómo **estáis** (vosotros)?	*How are you?*
tener	¿(Vosotros) no **tenéis** coche?	*You don't have a car?*
hablar	Vosotros habl**áis** bien.	*You speak well.*
conocer	¿Vosotros conoc**éis** Madrid?	*Do you know Madrid?*
(vivir	¿Dónde viv**ís** (vosotros)?	*Where do you live?*

There is a feminine form **vosotras** if all the people you are addressing are female.

Note: The subject pronoun **vosotros** and the verb forms which go with it are not used in Spanish-speaking Latin America. Instead, **ustedes** is used to address people both formally and in a familiar way.

Demonstratives Demonstrative adjectives and pronouns: **aquel** *that*

In Unit 6 we studied the use of **ese** *that*. **Aquel**, which also translates into English as *that*, is used to refer to things which are further away than **ese** would indicate. It enables Spanish speakers to make distinctions which in English can only be made by adding words like *over there*. Like **ese**, **aquel** changes for gender and number.

Singular		
(m)	**aquel** coche	*that car*
(f)	**aquella** casa	*that house*
Plural		
(m)	**aquellos** coches	*those cars*
(f)	**aquellas** casas	*those houses*

When used as pronouns, these words are normally written with an accent.

¿Cuál coche?	*Which car?*	¿Cuál casa?	*Which house?*
Aquél.	*That one.*	**Aquélla.**	*That one.*

Language progress check

Exercise 7

While on a visit to a company overseas, you are invited by a Spanish-speaking associate to visit his/her home. On arrival you greet your acquaintance (using the familiar form); he/she then introduces you to his wife/her husband, with whom you exchange greetings (using the polite form). You know they have two children so you ask how they are.

Practise this conversation in groups of three and record it as evidence of achievement.

Exercise 8

You are writing to a company in Spain with which your firm wants to establish trade. The letter will be addressed to señor Juan Pablo Molina, general manager of Solimar S.A., Avenida Los Laureles 28, 37005 Salamanca. Write the opening of the letter, introducing yourself as the manager of your company (give the name of the firm), say where it is and explain what your company's business is (you manufacture sports goods – **artículos deportivos**).

Exercise 9

You are travelling to Spain on business for the first time, and you want to find out a little about the country. Read the passages about **Andalucía** and **el País Vasco** on pages 85–6 and then answer the questions which follow.

1 Where is Andalucía?
2 What work do many of its inhabitants do?
3 What does Andalucía produce?
4 Where is the Basque country?
5 What does the text say about Bilbao?
6 What are the main economic activities in the region?

Cultural briefing

Like **tú**, the familiar singular pronoun, the familiar plural **vosotros** is used widely in Spain today, even among people who have not met before, and particularly among the young. In official situations, however, **ustedes**, the polite plural form, is frequently used. If in doubt, wait to see what the other person is using and do likewise.

In Spanish America **vosotros** is not used. Instead, you should use **ustedes**, with the verb forms corresponding to it.

Consolidation

During a flight overseas you meet a Spanish-speaking business woman. You exchange information about your work. **La editorial** means *publishing house, publisher's.*

Ella	¿En qué trabaja usted?
Vd.	(Say you work for a company in Leeds.)
Ella	¿Dónde está Leeds?
Vd.	(Tell her it is in the north of England.)
Ella	¿Y a qué se dedica su empresa?
Vd.	(Say you manufacture household appliances. Ask her what work she does.)
Ella	Soy directora de una editorial en Barcelona, la Editorial Cultura. ¿Conoce Vd. Barcelona?
Vd.	(Say you don't know Barcelona. You only know Madrid.)
Ella	Barcelona es una ciudad muy bonita.

Checklist

Before you move on to Unit 8 are you sure you can carry out the following tasks in Spanish?

1 Introduce people using the forms **te presento** or **le presento**
2 Say how you are feeling
3 Describe objects
4 Say what a company or organisation does
5 Ask someone how he or she is feeling
6 Ask what a company's business is.

UNIT 8 Para mí un café

In Unit 8 you will learn how to …

- book a room in a hotel
- order food
- say how you want your food
- state preferences
- ask and say how much something costs.

STUDY TIP

The dialogues offer a series of situations which you can adapt and re-apply. Be as flexible as you can. Hotels, like airports and banks, tend to be bilingual. The only problem is that the staff frequently are not! Anyway you are in their country and it creates a very positive impression if you can talk the local language. You often get better service too.
Your ability to explain what you want is now expanding, and you should be able to express preferences as well as needs.

Dialogue 1: ¿Tiene una habitación doble?

Mark Brown, a visiting businessman, arrives at the Hotel Playa Dorada in a Spanish town. He is accompanied by his wife.

Recepcionista	Buenos días. ¿Qué desean?
Mr Brown	Buenos días. ¿Tiene Vd. una habitación doble?
Recepcionista	¿Para cuántas noches?
Mr Brown	Para cuatro noches.
Recepcionista	Sí, sí tenemos. ¿Prefieren una habitación interior o exterior?
Mr Brown	Exterior. ¿Cuánto cuesta?
Recepcionista	Siete mil doscientas pesetas por noche.
Mr Brown	¿Tiene baño la habitación?
Recepcionista	Sí, todas las habitaciones tienen baño.
Mr Brown	¿El desayuno está incluido?
Recepcionista	No, el desayuno se paga aparte.
Mr Brown	De acuerdo.
Recepcionista	Su pasaporte, por favor. (*The receptionist takes Mr Brown's passport and asks him to sign the register.*) ¿Quiere firmar aquí? Gracias. Su habitación es la trescientos cinco. Aquí está la llave.
Mr Brown	Gracias.

Vocabulary

una habitación doble *double room*

¿para cuántas noches? *for how many nights?*

¿prefieren? *do you prefer?*

una habitación interior/ exterior *an internal/ external room*

el baño *bathroom*

todas las habitaciones *all the rooms*

el desayuno *breakfast*

incluido *included*

se paga aparte *is extra* (lit. is paid for separately)

de acuerdo *all right, OK*

¿quiere firmar aquí? *would you like to sign here?*

la llave *key*

Notes

1 **¿Cuánto cuesta?** *How much does it cost?* Other ways of asking how much something costs are **¿cuánto vale?** or **¿qué precio tiene?** If we are paying for something we have bought or for a service we would say **¿cuánto es?** *how much is it?*

2 **todas las habitaciones** *all the rooms* **Todo** behaves just like any other adjective ending in **o** although it comes before the definite article, e.g. **todos los coches** *all the cars*, **todo el vino** *all the wine*, **toda la gente** *all the people*.

Dialogue 2: Tengo una habitación reservada

Another guest arrives at the Hotel Playa Dorada.

Señora	Buenos días.
Recepcionista	Buenos días. ¿Qué desea?
Señora	Tengo una habitación reservada a nombre de Julia Jara.
Recepcionista	¿Es una habitación individual?
Señora	Sí, individual.
Recepcionista	(*checking the reservations*) Sí, señora, aquí está su reserva. Su carnet de identidad, por favor.

Señora	(*handing over her identity card*) Aquí tiene.
Recepcionista	Gracias. Firme aquí, por favor. (*The new guest signs the register.*) Su habitación es la cuatrocientos diez. Aquí está su llave.
Señora	Gracias.
Recepcionista	¿Tiene equipaje?
Señora	Sí, estas dos maletas.
Recepcionista	(*calling the porter*) ¡José, el equipaje de la señora a la habitación cuatrocientos diez!

Vocabulary

reservada *booked*
a nombre de *in the name of*
la habitación individual
   single room

la reserva *booking*
el carnet de identidad
   identity card
firme aquí *sign here*

el equipaje *luggage*
la maleta *suitcase*

Dialogue 3: ¿Algo más para Vd.?

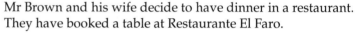

Mr Brown and his wife decide to have dinner in a restaurant. They have booked a table at Restaurante El Faro.

Camarero	Buenas noches.
Mr Brown	Buenas noches. Tenemos una mesa reservada.
Camarero	¿A nombre de quién?
Mr Brown	De Mark Brown.
Camarero	Sí, su mesa es ésa. La que está junto a la ventana. (*They sit down and the waiter hands them the menu.*) Aquí tienen la carta.
Mr Brown	Gracias.
Mrs Brown	Gracias.
Camarero	(*returns to their table*) ¿Qué van a tomar?
Mrs Brown	Para mí espinacas con bechamel.
Mr Brown	Yo quiero sopa de picadillo para empezar.
Camarero	¿Y de segundo?
Mrs Brown	¿Tienen pescado?
Camarero	Sí, tenemos lenguado y merluza.
Mrs Brown	Prefiero lenguado.
Camarero	¿Cómo lo quiere? ¿Frito, a la plancha…?
Mrs Brown	Lo quiero a la plancha.
Camarero	¿Algo más para usted?
Mrs Brown	Sí, una ensalada mixta.
Camarero	¿Y para Vd. señor?
Mr Brown	Para mí solomillo de cerdo con verduras.

Camarero	¿Qué van a beber?
Mr Brown	Una botella de vino blanco.
Camarero	Tenemos vino de la casa, Rioja, Valdepeñas…
Mr Brown	Tráiganos un Rioja.
Camarero	Muy bien. Gracias.

Vocabulary

una mesa *a table*
¿a nombre de quién? *in whose name?*
la que está *the one which is*
la ventana *window*
la carta *menu*
tomar *to have*
para mí *for me*
las espinacas *spinach*
el bechamel *white sauce*
querer(ie) *to want*

la sopa *soup*
el picadillo *minced meat*
para empezar *to start*
el segundo *second course*
el pescado *fish*
el lenguado *sole*
la merluza *hake*
preferir(ie) *to prefer*
frito *fried*
a la plancha *grilled*
¿algo más? *anything else?*

una ensalada mixta *mixed salad*
el solomillo *loin*
el cerdo *pork*
las verduras *vegetables*
beber *to drink*
una botella de vino *a bottle of wine*
el vino de la casa *house wine*
tráiganos *bring us*

Notes

1 Notice the phrases **¿Qué van a tomar?** *What are you going to have?* **¿Qué van a beber?** *What are you going to drink?* As you see, **a** comes between **ir** and the infinitive that follows.

2 **La que está junto a la ventana.** *The one which is near the window.* Notice the use of **la** (feminine, singular) in **la que** here, standing for **la mesa** *the table*.

Key phrases

Book a room in a hotel

¿Tiene Vd. una habitación? — *Have you got a room?*
Quiero una habitación. — *I want a room.*

Order food

Para mí espinacas. — *Spinach for me.*
Yo quiero sopa. — *I'd like some soup.*

Say how you want your food

¿Cómo lo quiere? — *How do you want it?*
Lo quiero a la plancha/frito. — *I want it grilled/fried.*

State preferences

Prefiero lenguado. — *I prefer sole.*

Ask and say how much something costs

¿Cuánto cuesta? — *How much does it cost?*
Cuesta 7.200 pesetas. — *It costs 7200 pesetas.*

Exercise 1	You are travelling in a Spanish-speaking country on business. You arrive at a hotel and book a room for yourself. Write in your part in this conversation.

Recepcionista	Buenas tardes.
Vd.	(Good afternoon. Ask if they have a room.)
Recepcionista	¿Quiere Vd. una habitación individual o doble?
Vd.	(A single room.)
Recepcionista	¿Para cuántas noches?
Vd.	(For two nights only.)
Recepcionista	Tenemos una habitación interior solamente. Las exteriores son todas dobles.
Vd.	(It is all right. Ask how much it costs.)
Recepcionista	Ocho mil quinientos pesos.
Vd.	(Ask if breakfast is included.)
Recepcionista	No, el desayuno es aparte. ¿Tiene su pasaporte, por favor?
Vd.	(Here it is.)
Recepcionista	¿Quiere firmar aquí? (*You sign the register.*) Gracias. Aquí tiene la llave. Habitación ciento quince.

Exercise 2	Read this letter sent by someone who wants to book a room at a hotel in London, then do the exercise that follows.

Montevideo, 6 de mayo de 1992.

Hotel Europa
52 Park Lane
Londres W1
Inglaterra

Muy señores míos:

Les ruego reservarme una habitación doble para quince días a partir del 4 de junio próximo.

Les saluda atte.

Juan Urrutia

Juan Urrutia
Calle Pocitos 1621,
Montevideo, Uruguay

Vocabulary

les ruego reservarme...   **a partir de** *starting on*   **atte. = atentamente** *yours*
  would you book for me ...?   **próximo** *next*   *faithfully*

You are travelling to a Spanish-speaking country on business.
Write a letter booking a single room at the Hotel Rex for a week
from 15 September. Follow the model on page 94.

> **HOTEL REX**
> Calle San Antonio, 35
> Teléfono 34 09 01
> San Antonio
>
> Situado a la entrada de San Antonio,
> en el centro turístico del pueblo.
> Habitaciones: Todas con cuarto de
> baño, teléfono, etc.
> Servicios: Bar, piscina, salón con TV,
> etc.

Exercise 3

It is your first night in the town of San Antonio and you decide to
have dinner in a restaurant. Look at the menu on page 96 and
complete this conversation with the waiter.

Vd.   (Good evening.)
Camarero Buenas noches. ¿Quiere una mesa?
Vd.   (Yes, please.)
Camarero ¿Para Vd. solo?
Vd.   (Yes, just for you.)
Camarero (*pointing to a table*) Siéntese aquí, por favor.
Vd.   (Thank you. The menu, please.)

(*The waiter brings you the menu and comes back to take the
order.*)

Camarero ¿Qué va a tomar?
Vd.   (You want fish soup and, as a second course, you
           want chicken.)
Camarero ¿Cómo quiere el pollo?
Vd.   (Say you prefer roast chicken and you want a mixed
           salad too.)
Camarero ¿Qué va a beber?
Vd.   (You want a bottle of house wine.)
Camarero ¿Blanco o tinto?
Vd.   (Red.)
Camarero Muy bien, gracias.

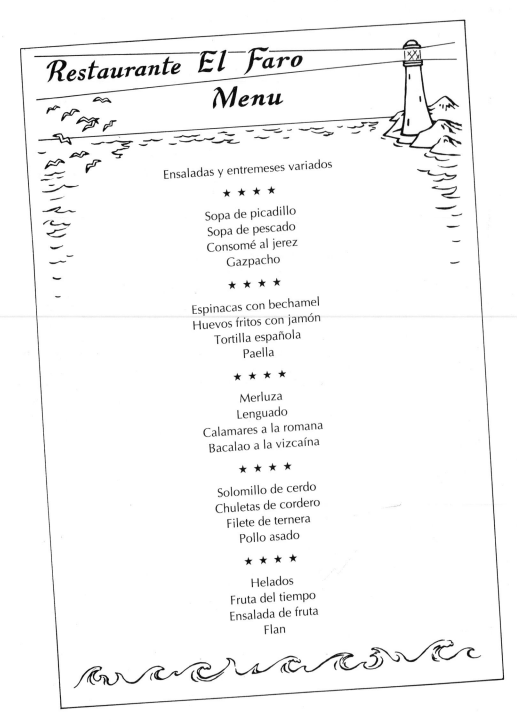

Restaurante El Faro
Menu

Ensaladas y entremeses variados

★ ★ ★ ★

Sopa de picadillo
Sopa de pescado
Consomé al jerez
Gazpacho

★ ★ ★ ★

Espinacas con bechamel
Huevos fritos con jamón
Tortilla española
Paella

★ ★ ★ ★

Merluza
Lenguado
Calamares a la romana
Bacalao a la vizcaína

★ ★ ★ ★

Solomillo de cerdo
Chuletas de cordero
Filete de ternera
Pollo asado

★ ★ ★ ★

Helados
Fruta del tiempo
Ensalada de fruta
Flan

Comprehension 1

You are going to hear four brief conversations and an announcement in Spanish. Imagine yourself as the traveller or customer in each situation. Listen, and as you do so, decide where each conversation and the announcement take place. Choose the correct reply a), b) or c).

1 **a**) en un restaurante   **b**) en un bar   **c**) en un hotel
2 **a**) en una estación   **b**) en una agencia de viajes   **c**) en un aeropuerto
3 **a**) en un avión   **b**) en un café   **c**) en un supermercado
4 **a**) en un aeropuerto   **b**) en una parada de autobús   **c**) en una oficina de turismo
5 **a**) en Correos   **b**) en una agencia de viajes   **c**) en un banco

Listen again to the first dialogue, listening out for new words. When you are ready write out the complete text.

Comprehension 2

1 Read this text which tells you about how Spanish families spend their money, then answer the questions.

El presupuesto familiar

La familia española media gasta aproximadamente el 44 por 100 de sus ingresos en alimentación. A la vivienda y a los gastos de casa corresponde otro 14 por 100. El resto del presupuesto está dedicado al transporte, alrededor de un 9 por 100, accesorios del hogar, poco más del 8 por 100, vestido, casi 8 por 100, y otros gastos menores. En general las familias campesinas dedican una mayor parte de sus ingresos a la alimentación que las que viven en ciudades, un 52 y un 42 por 100 respectivamente. Pero en el campo, el dinero correspondiente a gastos de diversiones, deportes y enseñanza es menor que en las ciudades.
(*Cambio 16, Nº 316*)

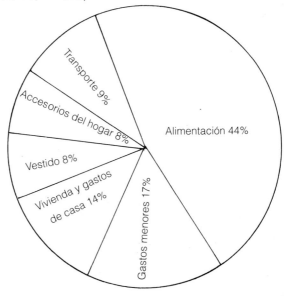

Vocabulary

el presupuesto *budget*	**los gastos** *expenses*	**el dinero** *money*
medio/a *average*	**el hogar** *home*	**las diversiones** *entertainment*
gastar *to spend*	**el vestido** *clothing*	**los deportes** *sports*
los ingresos *income*	**campesino/a** *peasant,*	**la enseñanza** *education*
la alimentación *food*	*country* (adj.)	
la vivienda *housing*	**el campo** *countryside*	

Say whether the following statements are true or false. Correct the false statements.

a) La familia española media gasta más del 50 por 100 de sus ingresos en alimentación.

b) El mayor gasto de la familia española media corresponde a vivienda.

c) Las familias campesinas gastan menos en comer que las familias de la ciudad.

d) Las familias campesinas gastan menos en diversiones, deportes y enseñanza que las familias de la ciudad.

2 Read this extract from a text which discusses accidents at work due to the consumption of alcohol and then answer the questions.

El alcohol causa el 15 por 100 de los accidentes laborales mortales

Las bebidas alcohólicas consumidas en los lugares de trabajo, dentro o fuera de las comidas, suponen una elevación del riesgo de accidentes y de la gravedad de los mismos. Actualmente se calcula que el 15% de los accidentes mortales en el medio laboral tiene su origen en el alcohol.

Adémas, los efectos del alcohol en la empresa tienen otras dimensiones: incrementan la tasa de absentismo y retrasos, disminuyen la capacidad de trabajo – y, en consecuencia, la productividad – y producen mayor número de bajas por enfermedad, alargando generalmente el período de recuperación.
(*El País*)

Vocabulary

dentro o fuera de las	**en el medio laboral** *at work*	**mayor número de** *more*
comidas *with or without*	**además** *besides*	**baja por enfermedad** *sick*
meals	**la tasa** *rate*	*leave*
el riesgo *risk*	**el retraso** *lateness,*	**alargando** *extending*
la gravedad *seriousness*	*unpunctuality*	**la recuperación** *recovery*
los mismos *the same, them*	**disminuyen** *they reduce*	

Answer in English.

a) What is the immediate effect of alcohol consumption at work?

b) What percentage of fatal accidents at work are due to the consumption of alcohol?

c) What other effects does alcohol have within the work environment?

‖ Pronunciation

 Listen and repeat: **j**

j is pronounced like the *ch* in the Scottish word *loch*.

1 Tengo una habitación reservada a nombre de Julia Jara.
2 ¡José, el equipaje de la señora Jara, por favor!
3 ¿Qué va a beber? – Un jerez, por favor.
4 ¿Y Vd. señor? – Para mí un Rioja tinto.

Language structures

Verbs   **Querer** *to want*

Querer is a verb whose stem (**quer**) changes **e** into **ie** in the present tense, in all persons except the first and second persons plural. They are often shown in vocabularies with (**ie**) placed after the infinitive so that they can be recognised.

quiero	*I want*	queremos	*we want*
quieres	*you want* (fam.)	queréis	*you want* (fam.)
quiere	*you want* (pol.)	quieren	*you/they want*
	he/she wants		

Examples:
¿Qué quieres?   *What do you want?*
Quiero un café con leche.   *I want coffee with milk.*

Preferir *to prefer*

Preferir is also a stem-changing verb. Its stem (**prefer**) changes like **querer**.

prefiero	*I prefer*	preferimos	*we prefer*
prefieres	*you prefer* (fam.)	preferís	*you prefer* (fam.)
prefiere	*you prefer* (pol.)	prefieren	*you/they prefer*
	he/she prefers		

Examples:
¿Cómo lo prefiere?   *How do you prefer it?*
Lo prefiero frito.   *I prefer it fried.*

Pronouns   Direct object pronouns

Notice the use of **lo** and **la** in:

¿Cómo prefiere el pescado?	*How do you prefer the fish?*
Lo prefiero frito.	*I prefer it fried.*
¿Cómo prefiere la carne?	*How do you prefer the meat?*
La prefiero muy hecha.	*I prefer it well done.*

In this context, **lo** and **la** are functioning as direct object pronouns. **Lo** replaces the masculine noun **el pescado** while **la** stands for the feminine noun **la carne**. In the plural, these words become **los** and **las**, respectively.

Los/las quiero fritas.	*I want them fried.*

These pronouns normally go before the verb, as in the previous examples. With an infinitive, however, their position varies:

¿Quiere reservar**la**?	*Do you want to book it?*
or ¿**La** quiere reservar?	
But: Para reservar**la**.	*In order to book it.*

In other words when an infinitive follows another verb the pronoun can come before the first verb or be attached to the end of the infinitive. When the infinitive follows a preposition, however, the pronoun has to be attached to the end of it.

Lo and **la** may also refer to people:

Yo **lo** invito.	*I invite him/you* (m)
Yo **la** invito.	*I invite her/you* (f)

In Madrid, and in central Spain generally, you'll hear **le** instead of **lo** to refer to males, while **lo** stands for things.

Yo **le** invito.	*I invite you/him.*

The following are the first and second person singular, and first and second person plural direct object pronouns. Here are some examples with the verb **querer**, which in Spanish also means *to love*.

write out list

me	*me*	**Me** quiere.	*He/she loves me.*
te	*you* (fam.)	**Te** quiero.	*I love you.*
nos	*us*	**Nos** quiere.	*He/she loves us.*
os	*you* (fam.)	**Os** quiere.	*He/she loves you.*

Prepositions   **Para**

Here are some sentences illustrating the use of **para**. For other examples see Unit 6.

p 74

¿Para cuántas noches?	*For how many nights?*
Para cuatro noches.	*For four nights.*
¿Y **para** Vd. señor?	*And for you, sir?*
Para mí solomillo.	*Sirloin steak for me.*

Language progress check

Exercise 4

You are catching an early flight back home after a business meeting in a Spanish-speaking country. You telephone the hotel reception and tell the receptionist that you want breakfast in your room. He/she asks your room number, and whether you prefer tea (**té**) or coffee (**café**). Give your room number and state your preference.

Exercise 5

NVQ LEVEL W2.2

A Spanish-speaking businessman, who will be visiting your company, is planning to bring his wife with him and he has asked you to find out the cost of a double room in a good, reasonably-priced hotel. In a letter you are sending to him you include a couple of lines giving him the information that he has requested. Tell him how much a double room, with bathroom and breakfast included, at the Regent Hotel costs. Say the hotel is very good and is about ten minutes' walk from the company. It is also near the main street, with all the shops and some good restaurants. Give him the hotel address and telephone number.

Exercise 6

NVQ LEVEL R2.1

It is your turn to travel on business now and you have written to a Spanish-speaking acquaintance asking him/her to give you some information about hotels in his/her country, as you intend to take a few days off. This is the information you received from your acquaintance. Read it through and then check your comprehension by answering the questions which follow.

Los hoteles aquí no son muy caros. Una habitación individual con cuarto de baño cuesta unos cuarenta dólares. El desayuno normalmente se paga aparte y vale unos cinco o seis dólares. Aquí en la capital le recomiendo el Hotel Pacífico. Es un hotel excelente y está a unos cincuenta metros de la playa. Tiene un restaurante muy bueno y además tiene piscina.

1 What does the person say about hotel prices?
2 What prices has he/she quoted?
3 Why does he/she recommend the Hotel Pacífico?

Cultural briefing

El carnet de identidad   All Spanish-speaking countries require their adult nationals to have an identity card, which contains personal information such as name, date of birth, profession, address. The information varies from country to country, but it always includes name and date of birth.

Hoteles   There is a wide range of hotel establishments in Spain, officially categorised by the government and generally priced cheaper than in northern European countries. The **hostales**, small family-run hotels, will probably appeal to those looking for cheaper accommodation, while the **paradores**, state-run hotels, often situated in old castles and monasteries away from the big cities, will probably appeal to those looking for peaceful surroundings. In Latin America, you will find plenty to choose from in the capital cities and in large towns, although there tends to be a shortage of medium-priced hotels. Away from the cities you may have to put up with very basic accommodation or, at best, rather expensive American-style hotels.

El parador de Sigüenza

Una bodega

El vino   Spain is one of the leading wine-producing countries of
the world, the main wine regions being Rioja, Navarra, Valencia,
Valdepeñas, Penedès in Catalonia, and of course Andalucía for
sherry (**jerez**). Note that **tinto** is used to describe red wine, not **rojo**.

Consolidation

It is your first business trip to a Spanish-speaking country and
you have decided to take your wife with you. Your room is
already booked. You arrive at the hotel and speak to the
receptionist. Write down your part in the conversation.

Recepcionista	Buenas noches.
Vd.	(Good evening. Say you have a room booked.)
Recepcionista	¿A qué nombre?
Vd.	(Give your name and say where you come from.)
Recepcionista	Un momento, por favor. Ah, sí aquí está su reserva, pero es para una habitación individual.
Vd.	(Say you want a double room. It is for you and your wife.)
Recepcionista	No sé si tenemos alguna doble. Un momento, por favor. Bueno, hay una, pero es interior. Si no le importa…
Vd.	(Say you prefer a room with a sea view, but if there isn't another … Well, it is all right.)
Recepcionista	Perdonen Vds, pero es la única habitación disponible. ¿Tiene su pasaporte, por favor?
Vd.	(Here it is.)
Recepcionista	Gracias. Habitación 615, en el sexto piso. Aquí tienen su llave.
Vd.	(Thank you. Where is the lift?)
Recepcionista	Aquí a la derecha.

Vocabulary

si no le importa... *if you don't mind*

es la única habitación disponible *it is the only room available*

Checklist

Before you proceed to Unit 9 are you sure you can carry out the following tasks in Spanish?

1 Book a room in a hotèl
2 Order a meal in a restaurant

3 Say how you want certain food served
4 Express your preference for something
5 Ask how much something costs
6 Say how much something costs.

La vendimia en Navarra

UNIT 9 ¿Dónde se puede cambiar dinero?

In Unit 9 you will learn how to ...

- ask and say where something can be done
- ask and say whether something can be done
- request and give information
- request a service:

Dialogue 1: En la recepción del hotel

Paul Richards asks the receptionist at his hotel where he can change some money.

Paul	Buenos días.
Recepcionista	Buenos días.
Paul	¿Dónde se puede cambiar dinero por aquí?
Recepcionista	En la esquina hay un banco. Allí puede cambiar.
Paul	¿Tiene Vd. sellos?
Recepcionista	No, aquí no tenemos, pero puede comprarlos en Correos que está al lado del banco.
Paul	Gracias.
Recepcionista	De nada.

Vocabulary

¿dónde se puede...? *where can one ...?*
cambiar dinero *to change money*
los sellos *stamps*
puede comprarlos *you can buy them*

Notes

1 Compare the use of **puede** (from **poder** *to be able to, can*) in **¿dónde se puede cambiar dinero?** *where can one change money?* and **allí puede cambiar** *there you can change.* The use of **se** *one* followed by a verb in the third person makes this sentence impersonal. In the second sentence the verb is personal: **Vd. puede cambiar** *you can change.* More on the use of **se** in the Language structures. **¿Dónde se puede...?** is probably the most common way of asking where something can be done.

Dialogue 2:   En el banco

At the bank

Paul	Buenos días. Quisiera cambiar doscientas libras en pesetas. ¿A cómo está el cambio?
Empleada	¿Tiene cheques o billetes?
Paul	Tengo cheques.
Empleada	Está a ciento ochenta pesetas por libra. Me permite su pasaporte, por favor. (*Paul hands over his passport.*) ¿Cuál es su dirección aquí en Madrid?
Paul	Estoy en el Hotel Victoria, en la Calle de Alcalá 48.
Empleada	¿Quiere firmar aquí, por favor? (*Paul signs the form.*) Muy bien. Puede pasar por caja.

Vocabulary

quisiera cambiar *I would like to change*
la libra *pound sterling*
¿a cómo está el cambio? *what is the rate of exchange?*

el cheque *cheque*
el billete *banknote*
me permite su pasaporte *may I have your passport*

puede pasar por caja *please go to the cashier's desk*

Notes

1 **Quisiera cambiar** *I would like to change* **Quisiera** comes from the verb **querer** *to want.* It is used to request something in a more polite way than the alternative **quiero** *I want* which, if not given the proper intonation, might sound a bit abrupt.

Dialogue 3: En Correos

At the post office

Empleada	¿Diga?
Paul	¿Puede decirme cuánto cuesta enviar una postal a Inglaterra?
Empleada	Cuarenta y cinco pesetas.
Paul	Y una carta, ¿cuánto cuesta?
Empleada	Cincuenta y cinco.
Paul	Deme cinco sellos de cuarenta y cinco, y tres de cincuenta y cinco.
Empleada	Son trescientas noventa pesetas. *(Paul hands over 500 pesetas and the employee gives him the change:* **la vuelta**.*)* Gracias.
Paul	Quisiera enviar una carta certificada a Estados Unidos.
Empleada	Primero tiene que rellenar este impreso.
Paul	Y deme también un impreso de telegrama, por favor. *(The employee gives him a telegram form.)* Gracias.

Vocabulary

¿diga? *can I help you?*
¿puede decirme...? *can you tell me ...?*
enviar *to send*

una postal *a postcard*
una carta *a letter*
deme *give me*
certificada *registered*

rellenar un impreso *to fill in a form*

Notes

1 **cinco sellos de cuarenta y cinco, y tres de cincuenta y cinco** *five 45-pesetas stamps and three (at) 55* Note how **de** is used when you ask for items at a particular price.

Dialogue 4: Comprando una cartera

On the way to the hotel Paul stops at a leather shop to buy himself a wallet.

Empleada	Buenos días. ¿Qué desea?
Paul	¿Puede decirme qué precio tiene esa cartera que está en el escaparate?
Empleada	¿Cuál? ¿La negra?
Paul	No, la otra. La marrón.
Empleada	Ésa vale seis mil pesetas.
Paul	Es un poco cara. ¿No tiene otra más barata?
Empleada	Pues, estas otras están en oferta. Cuestan cuatro mil quinientas pesetas.
Paul	¿Son de piel?
Empleada	Sí, señor, todos los artículos que vendemos son de piel. ¿Quiere llevar una?
Paul	Sí, deme una. ¿Puedo pagar con tarjeta de crédito?
Empleada	Sí, cómo no.

Vocabulary

la cartera *wallet*
el escaparate *window* (in a shop)
un poco caro/a *a little expensive*

más barato/a *cheaper*
estas otras *these other ones*
en oferta *special offer*
la piel *leather*
vender *to sell*

llevar *to take*
pagar *to pay*
la tarjeta de crédito *credit card*
cómo no *certainly*

Notes

1 **¿La negra? No, la otra. La marrón.** *The black one? No, the other one. The brown one.* Note that there is no Spanish equivalent of *one* used here. The feminine form is used because Paul is referring to a feminine noun **la cartera**. Another example is **estas otras** *these other ones.*

2 **¿Son de piel?** *Are they leather?* You will notice that **ser de** is used to indicate that an object is made of a particular substance.

Dialogue 5:   ¿Pueden lavarme esta ropa?

Back at his hotel Paul calls the maid to have his clothes washed.

Camarera	(*Knocking on the door*) ¿Se puede?
Paul	¡Sí, pase!
Camarera	¿Qué desea?
Paul	¿Pueden lavarme esta ropa para mañana?
Camarera	Sí, ¿qué hay?
Paul	Cuatro camisas, calcetines y ropa interior.
Camarera	Muy bien. Se la traigo mañana a las ocho de la mañana.
Paul	Perfectamente. Muchas gracias.

Vocabulary

¿se puede? *may I come in?*
¡pase! *come in!*
¿pueden lavarme...? *can you wash ... for me?*
esta ropa *these clothes*

para mañana *for tomorrow*
¿qué hay? *what is there?*
la camisa *shirt*
los calcetines *socks*
la ropa interior *underwear*

se la traigo *I'll bring it to you*
las ocho de la mañana *8.00 in the morning*
perfectamente *perfect, fine*

Notes

1 **Se la traigo** Although this sentence translates into English as *I'll bring it to you*, in Spanish the verb (**traer** *to bring*) is in the present tense. There are two object pronouns in the sentence: **se** *to you* (indirect object pronoun) and **la** *it* (direct object pronoun). There will be more information on indirect object pronouns in Unit 10.

Key phrases

Ask and say where something can be done

¿Dónde se puede cambiar dinero por aquí?
Allí puede cambiar.

Where can one change money around here?
You can change there.

Ask and say whether something can be done

¿Puedo pagar con tarjeta de crédito?
Sí, cómo no.

May I pay with a credit card?
Yes, certainly.

Request and give information

¿Puede decirme cuánto cuesta enviar una postal?
Cuesta 45 pesetas.

Can you tell me how much it costs to send a postcard?
It costs 45 pesetas.

Request a service

¿Pueden lavarme esta ropa para mañana?

Can you wash these clothes for tomorrow?

Exercise 1	The banks are closed and you need to change some money. Fill in your part in the conversation. **La moneda** means *currency* or *coin*.

Vd.	(Ask the hotel receptionist if you can change some money there.)
Recepcionista	Sí, sí se puede. ¿Qué moneda tiene Vd.?
Vd.	(Say what currency you have.)
Recepcionista	¿Y cuánto desea cambiar?
Vd.	(Say how much you would like to change.)
Recepcionista	Perfectamente.

Exercise 2	While on a business trip in Chile you need to send some letters to England. Work out your part in the conversation.

Vd.	(Ask the post office clerk how much it costs to send a letter to England.)
Empleado	A Europa cuesta doscientos cincuenta pesos.
Vd.	(You also need to send some postcards to your family and friends. Ask him how much it costs to send a postcard.)
Empleado	¿A Europa también?
Vd.	(Yes, to Europe.)
Empleado	Para una postal necesita una estampilla de doscientos pesos.
Vd.	(Now you remember, **estampilla** is the Latin American word for *stamp*. Ask him to give you three 250-pesos stamps and five of 200.)
Empleado	Son mil setecientos cincuenta pesos.

Exercise 3

You are going out to a business lunch and your clothes are all creased. Ask the maid at your hotel to have them ironed for you. Note the new words provided.

Vd.	(Ask her if they can iron your clothes.)
Camarera	¿Qué hay?
Vd.	(Say there is a suit, a shirt and a tie.)
Camarera	¿Y para cuándo la quiere?
Vd.	(Say you want it for 12 o'clock.)
Camarera	Muy bien.

Vocabulary

planchar *to iron*
un traje *a suit*
una corbata *a tie*

¿para cuándo la quiere?
when do you want it for/by?

Exercise 4

You will be travelling by car in Spain and you need to understand the meanings of certain road signs. Match each sentence below with the corresponding sign.

1 No se puede conducir a más de 100 km por hora.
2 Aquí se puede aparcar hasta una hora.
3 Aquí no se puede aparcar entre las 8.00 de la mañana y las 9.00 de la noche.
4 No se puede doblar a la derecha.
5 Aquí no se puede aparcar.
6 No se puede seguir de frente.

estacionar
estacionamiento

Vocabulary

conducir *to drive*
aparcar *to park*

seguir de frente *to go*
straight ahead/on

Exercise 5

While in Spain your boss got this information on discount rail travel with **Chequetrén**. He does not understand much Spanish and he has asked you to explain a few points to him. Study the information and answer his questions.

- Chequetrén es una forma de pagar sus viajes en tren que supone un ahorro del 15%.
- Chequetrén no caduca. Su chequetrén siempre es válido.
- Con chequetrén pueden viajar hasta seis personas.
- Chequetrén vale para cualquier recorrido y servicio del tren. Y puede ser utilizado en cualquier fecha.
- Hay un chequetrén para empresas. Un sistema para reducir los gastos de viaje.
- Chequetrén empresas puede ser utilizado por cualquier empleado.

Vocabulary

una forma *a way*	**siempre** *always*	**el recorrido** *route*
supone *it amounts to*	**hasta** *up to*	**utilizado** *used*
un ahorro *a saving*	**vale** *it is valid*	**cualquier** *any*
caducar *to expire*	**reducir** *to reduce*	

1 How much can you save by using chequetrén?
2 How many people can travel with it?
3 Is it valid for any service and journey?
4 When can it be used?
5 Is there a chequetrén for companies?
6 Can it be used by any employee?

Exercise 6

Your colleague Alison Miles wanted to spend this year's holiday in Benidorm. Unfortunately she could not get a booking at the hotel that was recommended to her. Alison does not understand Spanish, so she has asked you to translate this letter she received from the hotel manager in Benidorm.

HOTEL DON JUAN

Avenida del Mar 235, Benidorm, España

Benidorm, 25 de junio de 1992.

Sra. Alison Miles
Park House
25 Park Way
Londres W1
Inglaterra

Estimada Sra. Miles:

Sentimos informarle que no podemos hacer la reserva que usted solicita para el 18 de julio, debido a que nuestro hotel se encuentra completo en esa fecha. Si Vd. lo desea, podemos reservarle una habitación similar a partir del 5 de agosto.

Le ruego confirmarnos si esta segunda fecha le parece satisfactoria.

En espera de sus gratas noticias le saludamos muy atentamente.

Julio Bravo

Administración

Vocabulary

sentimos informarle que *we regret to inform you that*
se encuentra completo *it is full*
si... le parece satisfactoria *if ... it seems convenient to you*

le ruego confirmarnos *please confirm*
en espera de sus gratas noticias *we look forward to hearing from you*

Comprehension 1

You are working for a company which does business with Spanish-speaking countries. When you arrive at the office this morning you find three messages in Spanish on the telephone answering machine. Take a note of these messages in English as you have to pass them on to your boss.

Comprehension 2

Read this information about Spanish America, see how much you can understand, then answer the questions.

Hispanoamérica

Hispanoamérica es el nombre que se da a las antiguas colonias españolas de Norte, Centro y Suramérica. Todas ellas son hoy

repúblicas independientes, con excepción de Puerto Rico, Estado Asociado a los Estados Unidos de América.

Al sur de los Estados Unidos está México, el primer país de habla española en términos del número de habitantes. México tiene hoy una población de 84.886.000 habitantes y su capital, México D.F. (Distrito Federal), con 21 millones, es una de las ciudades del mundo con mayor población y de más rápido crecimiento.

Los países de habla española de Centroamérica son: Guatemala, El Salvador, Honduras, Nicaragua, Costa Rica y Panamá. La mayoría de ellos son países muy pequeños. En el Caribe están Cuba, la República Dominicana y Puerto Rico, y en América del Sur se encuentran Venezuela, Colombia, Ecuador, Perú, Bolivia, Chile, Argentina, Uruguay y Paraguay.

El país más grande de América del Sur y el quinto país más grande del mundo es Brasil, donde se habla portugués.

Niño indígena del Perú

Un artista mexicano

Presenciando un espectáculo público en una plaza de Venezuela

Vocabulary

que se da *which is given*
el país de habla española
  Spanish-speaking country
en términos de *in terms of*

el crecimiento *growth*
el país más grande *the*
  largest country

donde se habla portugués
  where they speak
  Portuguese

Los hispanoamericanos

La mayor parte de los hispanoamericanos son mestizos, es decir, son una mezcla de español e indígena. También hay en Hispanoamérica gente de otros orígenes: negros, europeos (italianos, alemanes, británicos, etc.) y asiáticos (japoneses, chinos, árabes).

En Estados Unidos hay una considerable población de origen hispánico, principalmente cubanos, mexicanos y puertorriqueños. Su número se calcula en varios millones. Florida, Texas y California son estados donde vive un gran número de personas de habla española.

Vocabulary

los hispanoamericanos
 *Spanish-speaking people
 of Latin America*

la mezcla *mixture*
el/la indígena *American
 Indian*

la gente *people*
alemanes *Germans*
se calcula *is calculated*

Answer in English.

1 What does the word Hispanoamérica stand for?
2 Where is Mexico?
3 What is said in the text about Mexico D.F.?
4 Which is the largest country in South America?
5 Which countries do Spanish speakers in the United States come from mainly?
6 In which states have they settled mainly?

Pronunciation

 Listen and repeat: **ll**

ll is a separate letter of the alphabet and it is pronounced approximately like the *lli* in *million*.

1 ¿Dónde puedo comprar sellos?
2 Allí puede comprar.
3 ¿Quiere llevar una?
4 Tiene que rellenar este impreso.
5 Su llave, señora Valle.

Language structures

Verbs **Poder** *to be able to, can*

Poder is a second conjugation verb whose stem (**pod**) changes in the present tense from **o** into **ue**, except in the first and second person plural.

puedo, puedes, puede, podemos, podéis, pueden.

Just as (**ie**) is often added after verbs that change **e** to **ie**, so (**ue**) is often added with verbs like **poder**. Another **o** to **ue** changing verb is **costar**.
Examples:

Allí **pue**de cambiar.	*There you can change.*
Puede comprarlos en Correos.	*You can buy them at the post office.*
No podemos ir.	*We can't go.*

Traer *to bring*

Traer is irregular in the first person singular of the present tense:

traigo, traes, trae, traemos, traéis, traen.

Example:
Se la **traigo** mañana a las 8.00.   *I'll bring it tomorrow at 8.00.*

Decir *to say, tell*

This is another verb with an irregular present tense:

digo, dices, dice, decimos, decís, **dicen.**

Use of **se**

The construction **se** + a verb in the third person is used to form impersonal and passive sentences.

¿Dónde **se puede** cambiar dinero? (impersonal sentence)	*Where can one change money?*
El español **se habla** en muchos países. (passive sentence)	*Spanish is spoken in many countries.*

For other uses of **se** see Unit 10.

Adjectives **Otro** *other, another*

Otro changes for gender (masculine and feminine) and number (singular and plural).

otro sello (m)	*another stamp*	otros cheques (m)	*other cheques*
otra cartera (f)	*another wallet*	otras cosas (f)	*other things*
otros, otras	*others*		
¿No tiene **otra** (cartera) más barata?	*Haven't you got a cheaper one?*		
Estas **otras** están en oferta.	*These other ones are on special offer.*		

Notice that **un** and **una** are not used with **otro** and **otra**.

Más + adjective

To express ideas such as *cheaper*, *longer*, *more comfortable*, *more expensive*, Spanish uses the construction **más** + adjective: **más** barato *cheaper*, **más** largo *longer*, **más** cómodo *more comfortable*, **más** caro *more expensive*.

¿Tiene una **más** barata?   *Have you got a cheaper one?*

Language progress check

Exercise 7

You have been asked to make a flight reservation on behalf of a Latin American businessperson visiting your company. You have been unable to find a seat, so you leave a message on his/her answer phone. Say who you are and give the name of your company. Tell him/her that you are sorry to inform him/her that you can't make the reservation that he/she requests for Monday 4th May, as there are no seats for that day. Say that if he/she wishes, you can reserve a seat for Thursday 7th, at 11.00 a.m. with British Airways. Give a telephone and extension number where he/she can call you to confirm. The phrase for *I'm sorry to inform you* is **Siento informarle que**, and the word for *seat* is **plaza** (f). Record your message and keep it as a record of achievement.

Exercise 8

During a visit to Latin America you spend a few days with friends. Their son Pedro has offered to show you around and help you buy what you need. Today you leave the house early so you leave a note for Pedro asking him to buy some stamps for you. You want to send five postcards and two letters to your country. As you are in Latin America, use the word **estampilla** instead of **sello**. Tell Pedro you are free at 5.00 so (**así que**) you can go out together (**juntos**). You want to buy some presents for your wife/husband and children. Say perhaps (**quizá**) he can help you.

Exercise 9

This information leaflet from a hotel in a Spanish-speaking country contains some useful tips for travellers. Read it through and check your understanding by answering the questions opposite.

Señores clientes:
- El hotel no puede hacerse responsable por objetos de valor dejados en la habitación.
- Las personas con vehículos pueden utilizar el aparcamiento del hotel sin costo alguno. Para ello es necesario pedir autorización en la recepción.
- El hotel tiene un servicio de fax para los clientes que lo necesiten.
- El hotel tiene una sala de convenciones para 200 personas. Los clientes que quieran utilizar este servicio pueden pedir información en la Administración del hotel.

1 What warning is given to clients with regard to valuables?
2 Where can you park your car? Do you need to pay?
3 What information is given with regard to fax?
4 The hotel has a conference room. What does the leaflet say about it?

Cultural briefing

The unit of currency in Spain is the **peseta**, often found in abbreviated form as pts., Pts or PTA (on stamps). Prices in shops normally include value added tax, **el impuesto al valor añadido** or **agregado** (i.v.a.).

In Spanish America there are different units of currency. **El peso** is used in Mexico, Bolivia, Colombia, Cuba, Chile, Dominican Republic, Uruguay and Argentina. The unit of currency in Ecuador is **el sucre**, in Paraguay **el guaraní**, in Peru **el sol**, in Venezuela **el bolívar**, in Costa Rica and El Salvador **el colón**, in Nicaragua **el córdoba**, in Guatemala **el quetzal**, in Honduras **la lempira**, in Panama **el balboa** and in Puerto Rico **el dólar**.

In these countries, the rate of exchange with regard to the dollar, the pound and European currencies in general varies constantly. Some Latin American countries have high rates of inflation and their currencies tend to suffer constant devaluations.

Consolidation

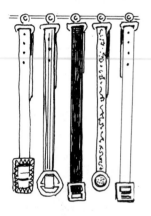

1 You are driving in a Spanish-speaking town. You don't know the town well and you are looking for a place to park. You stop a policeman to ask for information. Listen to your tape and play your part in the conversation. Prepare yourself carefully before you start.

Vd.	(Good morning. Ask him if you can park here.)
Policía	No, aquí no se puede aparcar. Está prohibido aparcar aquí.
Vd.	(Ask him where you can park.)
Policía	Puede aparcar en la Avenida del Mar. En la próxima calle doble a la izquierda y siga hasta el final. Ésa es la Avenida del Mar.

2 You park your car and you go into a shop to buy a present for your wife/husband. You've seen a belt (**un cinturón**) you like. Listen carefully to your tape and then take your part in the conversation. Note: **ver** *to see* and **un poco pequeño** *a little small*.

Dependienta	Buenos días, ¿qué desea?
Vd.	(Say you would like to see the belt in the window.)
Dependienta	¿Qué cinturón?
Vd.	(The black one. Ask if it is leather.)
Dependienta	Sí, es de piel.
Vd.	(Say it is nice, but it is a little small. Ask if she has a larger one.)
Dependienta	Sí, este otro es más grande.
Vd.	(Ask how much it costs.)
Dependienta	Éste vale cuatro mil doscientas pesetas.
Vd.	(Yes, you want to take it.)

Checklist

Before moving on to Unit 10 are you certain you can carry out the following tasks in Spanish?

1 Ask where something can be done
2 Ask whether something can be done
3 Ask for information about banking services, currency, postal services and prices
4 Request a service
5 Say where something can be done
6 Say whether something can be done
7 Give information about banking services, currency, postal services and prices.

UNIT **10** Empiezo a las cuatro

In Unit 10 you will learn how to …

- talk about the present
- talk about habitual actions
- talk about likes and dislikes.

Dialogue 1: El trabajo de Isabel

Isabel Pérez, from Comercial Hispana, talks to a friend about her work.

Miguel	Hola, Isabel. ¿Qué tal?
Isabel	Hola, Miguel.
Miguel	¿Cómo te va en el nuevo trabajo?
Isabel	Muy bien. Me gusta mucho.
Miguel	No es un trabajo muy duro, ¿verdad?
Isabel	¡No, qué va! El horario no está nada mal. Por la mañana empiezo a las nueve y media y termino a la una y media.
Miguel	Y por la tarde, ¿a qué hora empiezas?

Isabel	A las cuatro y salgo a las ocho.
Miguel	¡Está bien! ¿Y dónde comes?
Isabel	Pues, normalmente en casa, pero a veces como en algún restaurante cerca de la oficina. Hay varios por allí y no son muy caros.
Miguel	¿Trabajas los sábados?
Isabel	Trabajo solamente por la mañana. Por la tarde hago mis compras y en el verano voy de vez en cuando a la piscina.
Miguel	¡Veo que lo pasas muy bien!
Isabel	¡No me puedo quejar! ¿Y tú qué haces ahora?
Miguel	Estoy en el paro.
Isabel	¡Hombre, lo siento!

Como en algún restaurante cerca de la oficina

Vocabulary

¿cómo te va en el nuevo trabajo? *how are you getting on in your new job?*

me gusta mucho *I like it very much*

no es un trabajo muy duro *it is not a very hard job*

¡qué va! *not at all*

el horario no está nada mal *the working hours are not bad at all*

empiezo (empezar) *I start (to start)*

termino (terminar) *I finish (to finish)*

salgo (salir) *I leave (to leave)*

a veces *sometimes*

hago mis compras *I do my shopping*

de vez en cuando *from time to time*

la piscina *swimming pool*

¡veo que lo pasas muy bien! *I see you are having a very good time*

¡no me puedo quejar! *I can't complain*

¿y tú qué haces ahora? *and what are you doing now?*

estoy en el paro *I am unemployed*

¡hombre, lo siento! *Oh, I am sorry!*

Notes

1 Notice the idiomatic uses of **ir** *to go* in these two expressions: **¿cómo te va...?** *how is it going?*, **¿cómo te va en el nuevo trabajo?** *how are you getting on in your new job?* and **¡qué va!** *not at all!, nonsense!*

2 **¡Hombre!** Notice the use of this word, literally *man*, a very frequent interjection in Spanish, which can be used to express sorrow, affection, surprise, annoyance, etc.

Dialogue 2: Fernando se va de vacaciones

It is summertime and Fernando Giménez is having a holiday. He talks about this to a friend.

Marta	Hola, Fernando. ¿Cómo estás?
Fernando	Bien. ¿Y tú?
Marta	Muy bien. ¿Te vas de vacaciones?
Fernando	Sí, me voy a Ibiza mañana por la tarde.
Marta	Te gusta mucho Ibiza. Vas siempre allí.
Fernando	Pues sí, me gusta mucho.
Marta	Para mis vacaciones yo prefiero un lugar más tranquilo. Ibiza no me gusta nada.
Fernando	¡Vamos, es un lugar muy bonito!

Vocabulary

¿te vas de vacaciones? *are you going on holiday?*
me voy a Ibiza mañana *I am going to Ibiza tomorrow*
mañana por la tarde *tomorrow afternoon*

te gusta mucho *you like it very much*
pues sí *well, yes*
un lugar más tranquilo *a more peaceful place*

no me gusta nada *I do not like it at all*
¡vamos! *come on!*

Notes

1 **Me voy a Ibiza mañana**. *I am going to Ibiza tomorrow*. Notice the use of the present tense **me voy** to refer to a future event.

2 Note the use of **por** in expressions like **mañana por la tarde** *tomorrow afternoon/evening* and **mañana por la mañana** *tomorrow morning*.

Dialogue 3: Hablando de vacaciones

During an informal conversation at a business meeting, señor García talks with someone about his favourite kind of holiday.

Señora Rosales	¿Dónde va Vd. en sus vacaciones?
Sr. García	Por lo general mi mujer y yo salimos fuera de España. Nos gusta mucho viajar. Vamos a París, Londres… Este año vamos a México.
Señora Rosales	México es un país muy bonito. Lo conozco muy bien. Yo prefiero salir de vacaciones en invierno. Me gusta esquiar.

Vocabulary

por lo general *usually*
mi mujer y yo *my wife and I*
fuera *outside*

nos gusta viajar *we like to travel*
este año *this year*

en invierno *in winter*
me gusta esquiar *I like to ski*

Key phrases

Talk about the present

¿Y tú qué haces ahora?
Estoy en el paro.

And what are you doing now?
I am unemployed.

Talk about habitual actions

¿Dónde comes?
Normalmente en casa, pero a veces como en algún restaurante.

Where do you have lunch?
Normally at home, but sometimes I eat in a restaurant.

Talk about likes and dislikes

Te gusta mucho Ibiza.
Pues sí, me gusta mucho.
Ibiza no me gusta nada.

You like Ibiza very much.
Well, yes, I (do) like it very much.
I don't like Ibiza at all.

Exercise 1	You are being asked about your work by someone you have met recently. Reply to the questions with reference to your own occupation or give imaginary answers. Note **buen viaje** *have a good journey.*

Conocido	¿Dónde trabaja Vd. ahora?
Vd.	(Say where you work.)
Conocido	¡Hombre, qué interesante! ¿Y le gusta su trabajo?
Vd.	(Say whether you like it or not.)

Monte Teide, Tenerife

Conocido	¿Y cuál es su horario de trabajo?
Vd.	(Say what time you start work and what time you finish.)
Conocido	No está mal. ¿Dónde come?
Vd.	(Say where you have lunch.)
Conocido	Pues, yo como en un restaurante cerca de mi oficina. ¡Hombre, son las tres! Tengo que ir a una agencia de viajes para comprar dos billetes para Tenerife. Mañana me voy de vacaciones con mi mujer.
Vd.	(Say you like Tenerife very much. You sometimes go there on holiday. But this year you are going to Argentina.)
Conocido	¿A Argentina? ¡Buen viaje!

Exercise 2

Read this extract from a letter written by someone who is describing his/her work.

> Trabajo en una empresa en Madrid. Normalmente me levanto a las ocho de la mañana, me ducho, desayuno y cojo el autobús para ir a la oficina. Por la mañana trabajo desde las nueve hasta la una y por la tarde desde las tres hasta las siete. Al mediodía como con mis colegas en un restaurante. A las siete vuelvo a casa. Generalmente leo el periódico o miro la televisión. En casa cenamos a las nueve de la noche.

Vocabulary

me levanto *I get up*
ducharse *to shower*
desayuno *I have breakfast*
cojo el autobús *I catch the bus*

vuelvo a casa *I return home*
leo el periódico *I read the newspaper*
miro la televisión *I watch television*

cenamos *we have dinner*

Now write a similar passage about your own daily activities at work, real or imaginary. Follow the model above.

HW

Exercise 3

A secretary talks about her daily activities. Check your understanding by answering the questions below.

Normalmente llego a la oficina a las nueve y media. Lo primero que hago es ver si hay algún recado para el gerente en el contestador, luego abro la correspondencia, la clasifico y respondo a las cartas más urgentes. También atiendo las llamadas telefónicas para la gerencia, arreglo citas para los clientes de la empresa, recibo a los clientes y les ofrezco café cuando tienen que esperar.

A veces hago llamadas locales o internacionales a nombre de la firma, hago reservas de vuelos y hoteles para el personal o visitantes extranjeros. Diariamente escribo a máquina las cartas e informes que me dicta mi jefe. También asisto a reuniones de la junta directiva y levanto actas de las reuniones...

Vocabulary

lo primero que hago *the first thing I do*
el contestador *answerphone*
el recado *message*
abrir la correspondencia *to open the mail*
atender(ie) una llamada *to answer a call*
recibir *to meet, welcome*
la gerencia *management*

arreglar citas *to arrange appointments*
ofrecer *to offer*
esperar *to wait (for)*
hacer una llamada *to make a telephone call*
los visitantes extranjeros *foreign visitors*
diariamente *daily*
escribir a máquina *to type*

los informes *reports*
dictar *to dictate*
el jefe *boss*
asistir a reuniones *to attend meetings*
la junta directiva *board of directors*
levantar actas *to draw up the minutes*

Answer in English

1 What time does the secretary normally arrive at the office?
2 What does she do first?
3 What does she do with the mail?
4 How does she look after the clients?
5 What does she do sometimes?
6 What does she do daily?

Imagine that you are describing someone's daily activities. Rewrite the passage above in the third person, like this:

HW - take care will irreg verbs - hacer ofrecer

Normalmente la secretaria llega a la oficina a las nueve y media. Lo primero que hace es... etc.

Exercise 4

Enrique Ramírez is a technician who is applying for a job with your company in Spain. You have seen his application form and comment on it with a Spanish-speaking colleague. Answer in Spanish your colleague's questions.

Nombre y apellidos _____

_____ ENRIQUE RAMIREZ PEÑA

Fecha de nacimiento 16 de julio de 1955

Estado Civil _____ Casado

Dirección y teléfono Calle Guipúzcoa 362,
_____ 2° Izq — BILBAO

Ocupación actual Técnico electricista

Nombre de la empresa ELECTRONICA BILBAO

Descripción de funciones Responsable de
relaciones con compañías electrónicas;
preparación de ofertas; asesoramiento en
la preparación de contratos; dirección
y control de obras.

Sueldo actual 2 millones de pesetas anuales   8,700

Jornada laboral Lunes a viernes
_____ de 8.00 a 4.00

1 ¿Cómo se llama el candidato al nuevo puesto?
2 ¿Cuántos años tiene?
3 ¿Está casado o soltero?
4 ¿Dónde vive?
5 ¿En qué trabaja actualmente?
6 ¿Qué hace exactamente?
7 ¿Cuánto gana ahora?
8 ¿Qué días y horas trabaja?

Here are some words you may need:

preparar	*to prepare*	**controlar**	*to control*
asesorar	*to advise*	**ganar**	*to earn*
dirigir	*to manage*		

Comprehension 1

On a visit to a Spanish company in Madrid you have a chance to talk to the general manager about the working conditions within the firm. Listen carefully to the conversation. Note the word **la jornada** which means *the working day*.

On your return home you tell a colleague of yours about your visit to the company. He has some specific questions to ask you. Answer them with reference to the information given in the talk.
1) What hours do they work?
2) Do they work the same hours the whole year round?
3) Do they work five or six days a week?
4) How many weeks' holiday do they have?
5) What benefits are there for the employees?
6) What plans does the company have?

Comprehension 2

Read this further information about Spanish America, see how much you can understand, then tackle the questions that follow.

Hispanoamérica, parte del Tercer Mundo

Los países hispanoamericanos forman parte del llamado Tercer Mundo. Aunque naturalmente existen diferencias entre las distintas naciones, todas ellas son países en vías de desarrollo.

El producto interior bruto (PIB) y el ingreso per cápita es muy inferior al de Estados Unidos y al de los países industrializados de Europa. En 1990, por ejemplo, el PIB por habitante en Venezuela era de 4.544 dólares, en México era de 2.588 dólares, mientras que en Bolivia era sólo de 724 dólares. En cambio, en Estados Unidos y en España, en el mismo año, el PIB por habitante era de 20.932 y 8.680 dólares respectivamente.

Países monoproductores

La mayoría de los países hispanoamericanos son monoproductores, es decir, sus ingresos provienen casi exclusivamente de la comercialización de un solo producto. Esto no permite a Hispanoamérica industrializarse y salir del

Muchos niños latinoamericanos como éste viven en condiciones de extrema pobreza

Algunos países hispanoameri-canos, como Chile, exportan productos agrícolas.

subdesarrollo. El problema se agrava a causa de las frecuentes fluctuaciones de los precios en el mercado internacional. Los países centroamericanos, por ejemplo, basan su economía principalmente en la exportación de productos agrícolas tropicales, por ejemplo café y plátanos. Otros, como Bolivia y Chile, dependen fuertemente de la exportación de productos minerales, aunque la economía chilena se está diversificando rápidamente. Venezuela y México son países con importantes recursos energéticos.

Hispanoamérica, a su vez, importa gran cantidad de productos manufacturados de los países industrializados. La maquinaria agrícola, los vehículos y el instrumental para la explotación de sus recursos naturales provienen fundamentalmente de Estados Unidos y de Europa. También se importan muchos productos de consumo doméstico y alimentos.

Vocabulary

el Tercer Mundo *Third World*	**en cambio** *whereas, on the other hand*	**se agrava** *it gets worse*
los países en vías de desarrollo *developing countries*	**el mismo año** *the same year*	**los plátanos** *bananas*
el producto interior bruto *gross national product*	**los países monoproductores** *monoproducers, single-product countries*	**los recursos energéticos** *energy resources*
el ingreso per cápita *per capita income*	**provenir(ie) de** *to come from*	**a su vez** *in its turn*
era *it was*	**el subdesarrollo** *underdevelopment*	**la maquinaria** *machinery*
		los recursos naturales *natural resources*
		los alimentos *food*

1 Summarise in English the main ideas contained in the text.
2 Say whether the following statements are true or false. Correct the false statements.
   a) Los países hispanoamericanos son países industrializados.
   b) El PIB de Bolivia es superior al PIB de México.
   c) La economía de los países hispanoamericanos está basada casi exclusivamente en la explotación de un solo producto.
   d) Las naciones de América Central exportan principalmente productos manufacturados.
   e) Hispanoamérica exporta fundamentalmente materias primas.
   f) La maquinaria para la explotación de los recursos naturales hispanoamericanos proviene principalmente de Europa y Estados Unidos.

Pronunciation

 Listen and repeat: **o**

o is pronounced approximately like the *o* in *Bob*.

1 Mi trabajo me gusta mucho.
2 Me levanto a las ocho.
3 Me ducho, desayuno y cojo el autobús o el metro.
4 Empiezo a las nueve menos cuarto y termino a las cuatro.

Language structures

Verbs Stem-changing verbs

Sel Vaya P 145

Empezar *to begin, start* is a stem-changing verb. The **e** of the stem changes into **ie**:

> empi**e**zo, empi**e**zas, empi**e**za, empezamos, empezáis, empi**e**zan.

Atender *to attend to* is conjugated in the same way as **empezar**.

Volver *to return, come back* is a stem-changing verb. The **o** of the stem changes into **ue**:

> v**ue**lvo, v**ue**lves, v**ue**lve, volvemos, volvéis, v**ue**lven.

Irregular verbs

Salir *to go out*, **hacer** *to do, make* and **ofrecer** *to offer* are irregular in the first person singular of the present tense:

> **salgo**, sales, sale, salimos, salís, salen.
> **hago**, haces, hace, hacemos, hacéis, hacen.
> **ofrezco**, ofreces, ofrece, ofrecemos, ofrecéis, ofrecen.

Ver *to see* keeps the e of the infinitive:

> veo, ves, ve, vemos, veis, ven.

Reflexive verbs

Verbs like **ducharse** *to shower*, **levantarse** *to get up*, **irse** *to go, leave* are called reflexive verbs. The reflexive pronoun **se** *oneself* often has no direct correspondence in English, except in verbs such as **divertirse** *to enjoy oneself*, **herirse** *to hurt oneself*, etc. There are many reflexive verbs in Spanish, and the reflexive pronoun cannot be omitted. The omission of the reflexive pronoun may change the meaning of the verb, for example **levantar** *to lift*, **levantarse** *to get up*. Each person of the verb takes a different pronoun as shown on the opposite page.

Explain pronouns

Subject pronoun	Reflexive pronoun	
yo	me	*myself*
tú	te	*yourself* (familiar)
él	se	*himself*
ella	se	*herself*
usted	se	*yourself*
nosotros	nos	*ourselves*
vosotros	os	*yourselves* (familiar)
ellos, ellas	se	*themselves*
ustedes	se	*yourselves*

Example: **levantarse** *to get up*

me	levanto	*I get up*	**nos**	levantamos	*we get up*
te	levantas	*you get up*	**os**	levantáis	*you get up*
se	levanta	*he/she gets up you get up*	**se**	levantan	*they/you get up*

Other common reflexive verbs are: **acostarse** *to go to bed*, **afeitarse** *to shave*, **bañarse** *to have a bath, to bathe*, **lavarse** *to wash*, **marcharse** *to leave*, **quedarse** *to stay*, **vestirse** *to get dressed*.

Gustar to express *like*

Gustar is a special kind of verb which is normally used only in the third person singular or plural together with a pronoun, for example **me gusta** *I like it*, literally *it is pleasing to me*, **me gustan** *I like them*, literally *they are pleasing to me*. The pronouns used with **gustar** are called indirect object pronouns (see below).

Pronouns

Indirect object pronouns

To express ideas such as *to me, to you, to him*, etc. in Spanish, we need a set of words called indirect object pronouns. Except for the third person singular and plural, these are the same as the reflexive pronouns (see above):

Subject pronouns	Indirect object pronouns	
yo	me	*to me*
tú	te	*to you* (familiar)
él, ella, Vd.	**le**	*to him, to her, to you*
nosotros	nos	*to us*
vosotros	os	*to you* (familiar)
ellos, ellas, Vds.	**les**	*to them, to you*

Notice that in the first and second person singular and plural there is no difference between indirect and direct object pronouns (see Unit 8).

> Example: **gustar** *to please*
>
> | me | gusta | *I like it* | nos | gusta | *we like it* |
> |----|-------|-------------|-----|-------|--------------|
> | te | gusta | *you like it* | os | gusta | *you like it* |
> | le | gusta | *he/she likes it* | les | gusta | *they/you like it* |
> | | | *you like it* | | | |

Here are some examples with verbs other than **gustar** and with other persons of the verb:

Mi jefe **me** dicta las cartas.	*My boss dictates the letters to me.*
Les ofrezco café.	*I offer them coffee.*
Nos trae la cuenta.	*Will you bring us the bill?*
¿**Te** traigo algo?	*Shall I bring something for you?*

Remember that in English the words *to* and *for* are frequently understood but not expressed, as in the second and third examples above.

Language progress check

Exercise 5

NVQ LEVEL S2.3

During a visit to a Spanish-speaking country you talk to someone about your work. He/she asks you whether you like it. Say whether you like it or not, and what you like or dislike about it, for example your working hours (say what they are) or the fact that it is a pleasant and easy job or a hard one. Practise this conversation in pairs. Record it and keep it as a record of this activity.

Exercise 6

NVQ LEVEL R2.2

Someone you met at a company in Latin America has written to you giving you information about a job that might interest you. Read this extract from his/her letter and check your understanding by answering the questions which follow:

Hay un puesto aquí en la empresa que puede interesarte. Necesitan un nuevo gerente de producción y quieren una persona con experiencia en un país de habla inglesa, y que hable español naturalmente. Es el puesto indicado para ti. Es un trabajo muy interesante y el sueldo es excelente. Tú conoces la oficina aquí y sabes que el ambiente de trabajo es muy bueno. Además, a ti te gusta la ciudad y aquí es relativamente fácil encontrar una buena casa para vivir. También hay un buen colegio para tus hijos, de manera que eso no es un problema. Si quieres puedo enviarte más información....

1 What's the job that needs to be filled?
2 What sort of person are they looking for?
3 What is said about the job and the salary?
4 What is said about the atmosphere at work?
5 Will it be easy or difficult to find a place to live?
6 What about a school for the children? Will this be a problem?

Exercise 7

An English-speaking colleague who is studying Spanish is drafting a passage describing his/her daily routine, but has difficulty with Spanish verbs. Can you help? Put each verb in brackets in the correct form.

Normalmente yo (levantarse) a las 8.00 de la mañana, después (bañarse), (desayunar) y (salir) para la oficina. A la oficina (llegar) generalmente a las 9.00. A las 9.05 (empezar) a trabajar y no (terminar) hasta las 5.00 de la tarde. Al mediodía (comer) con algunos colegas en el restaurante de la empresa. A las 5.05 (irse) a casa. Siempre (ver) la televisión y (leer) el periódico antes de cenar. Mi familia y yo (acostarse) normalmente a las 11.00.

Cultural briefing

In Spain, work is normally interrupted for a couple of hours at lunch time, and in many places work does not resume in the afternoon until four o'clock or even later. Department stores are the exception, as they normally remain open all day. During the summer many companies have a **jornada intensiva**, with no interruption for lunch and allowing their workers to finish work at 3.00 or 3.30.

Most Spanish people have four weeks' holiday a year, which they normally take during the hot summer months. In August many shops and offices remain closed.

Consolidation

A Spanish-speaking acquaintance asks you about your work and your daily activities. These are the questions. What are your replies?

1 ¿Trabajas o estudias? ¿Dónde?
2 ¿Te gusta lo que haces?
3 ¿A qué hora te levantas normalmente?
4 ¿Cómo vas a la oficina/al colegio/a la universidad?
5 ¿A qué hora sales de casa?
6 ¿A qué hora empiezas tu trabajo/tus clases?

7 ¿A qué hora terminas?
8 ¿Dónde comes normalmente?
9 ¿A qué hora vuelves a casa?
10 ¿Qué haces en casa por la noche?
11 ¿Te gusta leer, ver la televisión?
12 ¿A qué hora te acuestas?

Checklist

Before proceeding to Unit 11 are you certain you can carry out the following tasks in Spanish?

1 Talk about your daily routine
2 Talk about your holiday preferences
3 Talk about habitual actions

4 Say what you like and what you like doing
5 Ask someone about his or her daily routine
6 Ask someone about his or her holiday plans
7 Ask someone about his or her likes and dislikes.

1 b (or after Unit 12)

5 a

UNIT 11 Debe traer su pasaporte

In Unit 11 you will learn how to …

- refer to procedures
- ask and answer questions about actions happening at the moment
- ask and give advice
- ask and give opinions
- express certainty and uncertainty.

Dialogue 1: Abriendo una cuenta

Sarah Rose, a businesswoman, wants to open a bank account in Spain. This is a conversation between her and a bank clerk.

Empleado	Buenos días. ¿Qué desea?
Sarah Rose	Buenos días. Quisiera saber si es posible abrir una cuenta en moneda extranjera. Yo no soy residente en España, pero vengo aquí a menudo por razones de negocios.
Empleado	Bueno, tenemos cuentas a la vista, con preaviso, a plazo… ¿En qué moneda quiere usted la cuenta?
Sarah Rose	En libras esterlinas. ¿Qué interés pagan ustedes?
Empleado	Eso depende del tipo de cuenta. Por cuentas a 30 días estamos pagando el 12 por ciento anual, pero los intereses varían.
Sarah Rose	¿Y qué debo hacer para abrir una cuenta?
Empleado	Tiene que firmar una solicitud de apertura y registrar su firma. Además, debe traer su pasaporte. ¿Quiere llevar una solicitud ahora?
Sarah Rose	Sí, por favor.
Empleado	Aquí tiene usted.
Sarah Rose	Muchas gracias.

Vocabulary

abrir una cuenta *to open an account*

en moneda extranjera *in foreign currency*

por razones de negocios *for business reasons*

una cuenta a la vista *instant access account*

una cuenta con preaviso *an account with notice of withdrawal*

una cuenta a plazo *a fixed-term deposit account*

el interés *interest*

depender de *to depend on*

estamos pagando *we are paying*

la cuenta a 30 días *30-day account*

el 12 por ciento *12 per cent*

variar *to vary*

deber *to have to, must*

una solicitud de apertura *an application form*

registrar la firma *to register one's signature*

Dialogue 2: Buscando un apartamento

Sarah Rose will be spending some time in Barcelona working for her company and she would like to rent an apartment. She discusses this with Alfonso, a Spanish colleague.

Alfonso   Hola Sarah.

Sarah   Hola, ¿qué tal?

Alfonso   ¿Qué estás haciendo?

Sarah   Estoy mirando el periódico para ver si encuentro un apartamento. Mi marido quiere venir a visitarme y no queremos quedarnos en un hotel. ¿Qué te parece la idea?

Alfonso   Me parece muy bien, pero no es fácil encontrar algo en esta época del año y además es muy caro.

Sarah   ¿Qué me aconsejas?

Alfonso   Mira, aquí en la calle Carrera hay una inmobiliaria. ¿Por qué no vas allí y preguntas?

Sarah   ¿Tienes la dirección?

Alfonso   Creo que sí. Espera un momento.

EDIFICIO "PUERTA JEREZ"
· VENTA ·
*PISOS DE LUJO·APARTAMENTOS
*LOCALES COMERCIALES Y OFICINAS
*DESPACHOS PROFESIONALES·GARAGE
*INFORMACION: *en este* EDIFICIO

Vocabulary

¿qué estás haciendo? *what are you doing?*
estoy mirando el periódico *I'm looking at the newspaper*
si encuentro (encontrar) *if I can find (to find)*
¿qué te parece? *what do you think?*

me parece muy bien *I think it is all right*
fácil *easy*
en esta época del año *at this time of the year*
¿qué me aconsejas? *what do you advise me (to do)?*
la inmobiliaria *estate agent's*

¿por qué no...? *why don't you ...?*
preguntar *to ask*
creo que sí (creer) *I think so (to think)*

Notes

1 **Creo que sí.** *I think so.* The negative equivalent of this phrase is **creo que no** *I don't think so*. Here are two examples of the use of **creer** in full sentences: **¿Crees que es una buena idea?** *Do you think it is a good idea?* **Creo que es una buena idea**. *I think it is a good idea.*

2 **¿Qué me aconsejas?** *What do you advise me (to do)?* **Aconsejar** is a regular first conjugation verb. Look at these other examples:
Le aconsejo viajar. *I advise you to travel.*
Les aconsejamos volver. *We advise you to return.*

Dialogue 3: En la inmobiliaria

At the estate agent's

Empleado	Buenas tardes. ¿Qué desea?
Sarah Rose	Buenas tardes. Me gustaría alquilar un apartamento en este sector. ¿Tienen Vds. alguno?
Empleado	Me parece que no. ¿Quiere esperar un momento, por favor?
Sarah Rose	Sí, cómo no.
Empleado	(*coming back to Sarah Rose*) No, de momento no tenemos ninguno. Si desea puede llamarnos dentro de un par de semanas para ver si hay algo. Aquí tiene nuestra tarjeta.
Sarah Rose	Muchas gracias. Adiós.
Empleado	De nada. Adiós.

Vocabulary

me gustaría *I would like*
alquilar *to rent*
me parece que no *I don't think so*
de momento *at the moment*
si desea *if you wish*

dentro de *within*
un par de semanas *a couple of weeks*
si hay algo *if there is something*
la tarjeta *card*

Notes

1 **Me parece que no.** *I don't think so.* This phrase is similar in meaning to **creo que no.** Its positive equivalent is **me parece que sí** *I think so*, and it can be used in the same contexts as **creo que sí**. For an explanation of the use of **parecer** see the Language structures section.

2 **Me gustaría** *I would like* is an alternative to the polite expression **quisiera** which you already know.

Key phrases

Refer to procedures

¿Qué debo hacer para abrir una cuenta?	What must I do to open an account?
Tiene que rellenar una solicitud de apertura.	You have to fill in an application form.
Debe traer su pasaporte.	You must bring your passport.

Ask and answer questions about actions happening at the moment

¿Qué estás haciendo?	What are you doing?
Estoy mirando el periódico.	I am looking at the newspaper.

Ask and give advice

¿Qué me aconsejas?	What do you advise me (to do)?
¿Por qué no...?	Why don't you ...?

Ask and give opinions

¿Qué te parece la idea?	What do you think of the idea?
Me parece muy bien.	I think it is all right.

Express certainty and uncertainty

Creo que sí/no.	I (don't) think so.
Me parece que sí/no.	I (don't) think so.

Exercise 1

You wish to open a current account (**una cuenta corriente**) in Spain and you seek advice from a Spanish-speaking colleague.

Vd.	(Say you would like to open an account in Spain.)
Colega	¿Qué tipo de cuenta quieres abrir?
Vd.	(Say you want to have a current account. Ask for his/her opinion.)
Colega	Me parece una buena idea. Así no tienes que usar tu tarjeta de crédito ni llevar efectivo.
Vd.	(Ask him/her what you have to do to open a current account.)
Colega	Creo que tienes que firmar una solicitud y dar referencias bancarias y de la empresa donde trabajas. Yo tengo una cuenta corriente en el Banco Central. ¿Por qué no abres una cuenta allí? Puedo acompañarte ahora mismo si quieres.

Vd.	(You can't, you are waiting for a call from England. But you are free at 12.00. Say you can go to the bank and then have lunch together. Ask what he/she thinks.)
Colega	Me parece muy bien. Podemos comer en el Don Sancho.

Vocabulary

así *so, therefore*
llevar efectivo *to carry cash*
las referencias bancarias
  bank references

acompañar *to accompany*
ahora mismo *right now*
estar libre *to be free*
juntos *together*

Exercise 2

Your phone call from England was taken by a secretary and passed on to you. Recently, the secretarial staff have received strict instructions on how to deal with incoming telephone calls. Read these through and see how much you can understand. Note the term **volver a llamar** *to ring back.*

ANEXO No. 1

TELÉFONOS Y EXTENSIONES

1 No debe utilizarse solamente el "¿Dígame?".

2 La persona que atiende al teléfono debe identificarse y saludar. P.ej. "Juan Pérez, buenos días".

3 En caso de ausencia de la persona a quien se llama, alguien siempre debe atender su teléfono, ofrecer tomar el recado y pasar el recado al interesado.

4 En caso de no poder atender una comunicación, siempre debe ofrecer devolver la llamada y cumplir.

5 En caso de llamadas de clientes o público en general debe mantenerse una actitud cortés y amable y agradecer la llamada: "gracias por esta información", etc.

6 Es preferible volver a llamar a una persona que dejarla esperando en la línea.

Exercise 3

One of your colleagues is absent from the office at the moment. His/her phone rings and you take the call. You will need to know the following words: **dejar un recado** to leave a message, **regresar** to return, **estar seguro** to be sure.

Vd.	(Identify yourself and greet the caller.)
Señora	Buenos días. Quisiera hablar con el señor Muñoz, por favor.
Vd.	(Say señor Muñoz is not in the office at the moment. Ask whether she wants to leave a message.)
Señora	Sí, por favor. Soy Paloma Salcedo. Deseo hablar urgentemente con él. Estoy en el hotel San Cristóbal. El número de teléfono es el 210 34 65. ¿Sabe Vd. a qué hora regresa?
Vd.	(Say you are not sure. You think he is coming back within an hour.)
Señora	Bueno, muchas gracias.

Exercise 4

You have been sent by your company to Colombia but before returning to your country, you want to take a holiday and visit Venezuela. You want to drive there with a colleague. Here are the instructions given to you at the Venezuelan Consulate regarding procedures for bringing a car into the country. Your colleague, who does not read Spanish, would like you to translate them into English for him/her.

del vehículo

Una persona que viaje como turista puede traer su coche a Venezuela sin pagar derechos de aduana. Para ello debe obtener un certificado del Consulado de Venezuela que identifique su coche. En este documento debe incluirse el número de serie/y del motor, número de matrícula y marca del coche. Si la estancia del turista es de más de ocho días este certificado debe incluirse en la Carta de Turismo expedida por el Consulado. A su llegada a Venezuela el conductor del vehículo debe presentar este documento en la oficina del Departamento de Turismo más próximo.

Vocabulary

una persona que viaje *anyone who travels*
sin pagar *without paying*
los derechos de aduana *Customs duties*
para ello *for this*
identifique (identificar) *will identify (to identify)*

debe incluirse *must be included*
el número de serie *serial number*
el número de matrícula *registration number*
la marca *make*
la estancia *stay*

la carta de turismo *tourist card*
expedida *issued*
a su llegada *on arriving*
el conductor *driver*
más próximo *nearest*

Notes

1 **Viaje** and **identifique** are examples of
   verbs in the subjunctive mood.

Comprehension 1

NVQ LEVEL L2.1

There are two conversations for you to listen to here. Take them
one at a time, listen carefully and when you are ready carry out
the tasks.

1 The following conversation takes place at a Venezuelan
   consulate. Listen to it and fill in the man's part. You can check
   your answers by looking at the transcript in the key.

Empleado	_____
Señorita	Buenos días. Tengo que viajar a Venezuela por razones de negocios y quiero saber qué tengo que hacer para obtener el visado.
Empleado	_____
Señorita	Pienso estar allí una semana solamente.
Empleado	_____
	_____
	_____
	_____
Señorita	Dentro de quince días.
Empleado	_____
Señorita	¿El visado me lo dan el mismo día?
Empleado	_____
Señorita	¿Puedo enviar a mi secretaria?
Empleado	_____
Señorita	De acuerdo. ¿Y cuál es el horario de oficina?
Empleado	_____

Vocabulary

el visado *visa*
¿por cuánto tiempo? *for how long?*

los motivos *reasons*
cerramos *we close*

2 You will now hear an interview with a Spanish-speaking tourist who is visiting London. Listen to his opinions about the city and then answer the questions that follow.

Vocabulary

vine *I came*
al año siguiente *the following year*
volví *I returned*
rico *rich*

el parque *park*
los espectáculos *entertainment, shows*
ser aficionado a *to be keen on*

el teatro *theatre*
claro *of course*
serio *serious*
felices vacaciones *have a good holiday*

a) Where is the tourist from?
b) When did he first come to London?
c) What does he think of London?
d) What does he like most about the city?
e) What doesn't he like about it?

Comprehension 2

During a visit to a Venezuelan oil company you were given a magazine which reproduced the opinions of professional women working in the oil industry in that country. The topic is of special interest to you, so you decided to read it. Check your understanding by answering the questions that follow. Use the words given and, if necessary, the vocabulary at the back of the book to help you, but try to see how much you can pick up before you refer to the vocabulary.

Carmen, ingeniero industrial
"En Venezuela mucha gente cree todavía que la profesión de ingeniero es para hombres. Cuando uno invade el campo de trabajo, sobre todo en los inicios de la carrera, es difícil el avanzar porque se nos ve más como mujer que como profesional.

Todo tiene sus pros y sus contras. Creo que a nivel general existe cierta desconfianza en el potencial de una mujer en una empresa y eso limita nuestra carrera. Pero el ser mujer también facilita las cosas en cierto modo, aunque esto eventualmente es negativo en lo profesional."

Ana María, ingeniero industrial
"Mi profesión me gusta mucho y me identifico plenamente con ella. Considero que hombre y mujer son capaces de hacer el

mismo trabajo aunque, por supuesto, las mujeres no tenemos que olvidar nuestra condición femenina.

Parece que en muchos casos, particularmente en las empresas privadas, los puestos de mayor nivel están reservados a hombres y no a mujeres. Eso ocurre con frecuencia."

María Elena, graduada en administración comercial
"Como mujer quiero ocupar los mismos cargos que ocupan los hombres actualmente. No veo por qué tiene que haber diferencias entre hombres y mujeres. Frustraciones no tengo. Trabajar es una de mis mayores satisfacciones."

Eliana, doctora en ciencias económicas
"El hecho de ser mujer me permite una relación más cordial con la gente con la que trabajo y tengo acceso con más facilidad que un hombre a cierta información. Por el lado negativo, existe el hecho de que en la industria petrolera no existen cargos de alto nivel ocupados por mujeres."

Adapted from *Tópicos (Maraven)*

Vocabulary

el ingeniero *engineer*
sobre todo *above all*
en los inicios *at the beginning*
la carrera *career*
se nos ve *we are seen*
el nivel *level*

la desconfianza *distrust*
el ser mujer *being a woman*
en cierto modo *in a way*
capaces *capable*
por supuesto *of course*
olvidar *to forget*
el cargo *position, post*

no veo por qué *I don't see why*
el hecho *the fact*
con facilidad *with ease*
la industria petrolera *the oil industry*

Answer in English.

1 According to Carmen, what do many Venezuelans think about the engineering profession?
2 What major difficulty does a woman encounter at the beginning of her career?
3 What are the disadvantages of being a professional woman in a company?
4 What does Ana María say about her profession?
5 Does she think men and women are able to do the same work?
6 Does Ana María think that private enterprise gives men and women equal opportunities?
7 What are María Elena's aspirations as a professional woman?
8 What advantage does Eliana see in being a woman within the profession?
9 What disadvantage does she see?

Pronunciation

Listen and repeat: **r** and **rr**

r, at the beginning of a word, and **rr** are strongly rolled.
In other positions, **r** is only slightly rolled.

1 En la calle Carrera hay una inmobiliaria.
2 No soy residente. Vengo aquí por razones de negocios.
3 ¿Qué debo hacer para abrir una cuenta corriente?
4 Tiene que firmar una solicitud de apertura y registrar su firma.

Language structures

Verbs   **Deber** *to have to, must*

Deber is a regular verb which is used mainly in the expression of
obligation, for example:

Debo trabajar.   *I must work.*

Deber may also be used when asking and answering questions
about procedures, for example:

¿Qué debo hacer para abrir   *What must I do to open an account?*
  una cuenta?
Debe/Tiene que firmar   *You must/have to sign an application*
  una solicitud.   *form.*

In this context **deber** may be substituted by **tener que** *to have to.*

Estar + gerund

To say what we are doing at the moment of speaking we use the
construction **estar** + gerund, which is equivalent in English to
to be + gerund, e.g. *he is working.* Verbs which end in **ar** form the
gerund by adding **ando** to the stem. Verbs in **er** and **ir** add **iendo**
to the stem.

ar	Estoy mirando el periódico.	*I am looking at the newspaper.*
er	¿Qué estás haciendo?	*What are you doing?*
ir	Ella está escribiendo una carta.	*She is writing a letter.*

Parecer *to seem, think*

To ask and give opinions we may use **parecer** in the third person
singular or plural, preceded by an indirect object pronoun.

¿Qué te parece?	*What do you think?*
Me parece bien.	*It seems all right (to me).*
¿Qué le parece Londres?	*What do you think of London?*

Me parece una ciudad muy bonita.	*I think it is a very nice city.*
¿Qué os parecen los ingleses?	*What do you think of the English?*
Nos parecen simpáticos.	*We think they are nice.*

Parecer may also be used to express uncertainty in sentences like these:

Me parece que no está.	*I don't think he is here.*
Me parece que sí/no.	*I think so/don't think so.*

For indirect object pronouns see Unit 10.

Language progress check

Exercise 5

You are to be posted to a Latin American country and have written to an acquaintance about accommodation. This is part of his reply. Before you read it, note these words: **seguro** *safe*; **razonable** *reasonable*; **ruido** (m) *noise*; **contaminación** (f) *air pollution*.

Encontrar un lugar donde vivir es relativamente fácil. Hay muchos apartamentos y casas en alquiler. Le recomiendo que alquile un apartamento y no una casa porque es más seguro y los precios de los alquileres son más razonables. Para vivir le recomiendo el sector de la costa porque es más tranquilo, aunque los alquileres son un poco más caros. En el centro los apartamentos son más baratos, pero hay mucho ruido y contaminación...

1 What type of accommodation and what area does your acquaintance recommend and why?
2 Why doesn't he recommend the centre of the city?

Exercise 6

Say what you and others are doing.

Example: You are writing a letter.
Estoy escribiendo una carta.

1 You are speaking to your boss.
2 You are having coffee with a client.
3 You are looking at the newspaper.
4 Ana is answering a letter.
5 Luis is eating with a colleague.
6 They are changing money.

Exercise 7

You have to place an advertisement in a Spanish newspaper to find an office for your company. You need two furnished rooms, 60 m², telephone, air-conditioning, toilet and parking. It must be near the airport. Give telephone number. Note these words: **despacho** (m) *office*; **amueblado** *furnished*; **aseo** (m) *toilet*; **aire acondicionado** *air-conditioning*; **aparcamiento** *parking*.

Cultural briefing

The proportion of current account holders in Spain is much lower than in the UK and other European countries, with the exception of Portugal and Greece. Few students have access to a current account (**una cuenta corriente**) and the number of workers who have one is still relatively low in comparison with workers in other parts of Europe. Among white collar workers, however, current accounts are fairly common. The alternative for those who cannot or do not want to have a current account is a savings account (**una cuenta de ahorro**), of which there are several types, depending on whether you want instant access to your money (**una cuenta a la vista**) or whether you need to give notice (**una cuenta con preaviso**). A cheque (**un cheque**) is also known in Spain as **un talón**. A cheque payable to bearer is **un cheque al portador**, while a crossed cheque is **un cheque cruzado**. With the exception of **el talón**, these terms will also be known in Latin America.

Consolidation

There is a lot of mail on your desk this morning. One of the letters is from a Spanish company and your boss wants to know what it says. Below is an extract from the letter. Read it through and convey its contents in English.

> Muy señores nuestros:
> En respuesta a su carta de fecha 17 de septiembre, tenemos mucho gusto en informarles que estamos estudiando las condiciones que Vds. nos ofrecen para la compra de nuevo equipo.
> En general, las condiciones y garantías que Vds. proponen nos parecen satisfactorias y no creemos que haya ningún problema en realizar esta operación...

Checklist

Before you move on to Unit 12 are you certain you can carry out the following tasks in Spanish?

1 Ask about procedures you have to follow
2 Ask about actions that are happening while you are speaking
3 Ask for advice
4 Ask someone's opinion
5 Explain procedures that have to be followed
6 Describe actions that are happening as you speak
7 Give advice to someone
8 Give your opinion
9 Express certainty or uncertainty.

UNIT 12 Regresaré el lunes

In Unit 12 you will learn how to …

- ask and answer questions about the future
- say what you intend to do
- say what you hope to do.

STUDY TIP

This unit deals with future tenses, which lead on to areas such as expectations, hopes and intentions. The dialogues develop more naturally, so although it can be difficult at first to identify the more superfluous phrases (**a propósito**, for example) these are an important part of oral fluency.

In the first dialogue, future events are being discussed. Listen very carefully for the use of parts of the verb **ir** and see how they fit into the concept of future time.

Dialogue 1: El programa para hoy

Señor García talks to his secretary about today's programme at the office.

Sr. García	Buenos días, Isabel. ¿Cuál es el programa para hoy?
Isabel	Un momento. (*looking at her diary*) Pues, a las diez y media va a venir el señor Green de Nueva York. A las doce van a traer el nuevo ordenador y a las tres y media va a llegar la señora Sanz de Barcelona para la entrevista.
Sr. García	¿Qué va a hacer Vd. esta mañana?
Isabel	Primero voy a responder a la carta del señor Ríos de Costa Rica, después pienso terminar el acta de la reunión de ayer y a las once voy a ir al Banco Hispanoamericano.
Sr. García	¿A qué hora va a volver?
Isabel	Espero volver antes del mediodía.

Vocabulary

para hoy *for today*
va a venir *(he) is going to come*
van a traer *they are going to bring*
el ordenador *computer*

va a llegar *(she) is going to arrive*
¿qué va a hacer? *what are you going to do?*
pienso terminar *I'm thinking of finishing/I intend to finish*

voy a ir *I'm going*
¿... va a volver? *... are you coming back?/... will you be back?*
espero volver *I hope/expect to be/come back*

Notes

1 Notice the use of the construction **ir a** + infinitive *to be going to* + infinitive, often used as in English as a substitute for the future tense, particularly in the spoken language. See Language structures for further details.

The following dialogue again concerns future events. Once again listen very carefully; you will hear some familiar verbs with unfamiliar endings which indicate future time.

Dialogue 2: **El señor García va a Chile**

Señor García is travelling to South America. He discusses his travel plans with his secretary.

Sr. García Isabel, no se olvide de que el jueves salgo para Chile.
Isabel ¿A qué hora es el vuelo?
Sr. García A las once y media de la mañana, pero tendré que estar en el aeropuerto a las diez. Iré en el coche y lo dejaré en el aeropuerto hasta mi regreso. ¿La reserva de hotel en Santiago está confirmada?
Isabel No, todavía no, pero llamaré ahora mismo. Estará allí hasta el domingo por la noche, ¿verdad?
Sr. García Sí, regresaré el lunes a Madrid, pero no vendré aquí hasta el miércoles. A propósito, necesito toda la documentación que debo llevar a Chile, lo antes posible.
Isabel Ya está lista. Se la traeré en seguida.

Vocabulary

no se olvide *do not forget*
tendré que estar *I will have to be*
iré *I will go*
lo dejaré *I will leave it*
hasta mi regreso *until my return*
¿... está confirmada? *... is (it) confirmed?*

todavía no *not yet*
llamaré *I will call*
ahora mismo *right now, at once*
estará allí *you will be there*
regresaré *I will return*
no vendré aquí *I will not come here*
a propósito *by the way*

la documentación *documentation, papers*
lo antes posible *as soon as possible*
está lista *it is ready*
se la traeré *I will bring it to you*
en seguida *immediately*

Notes

1 Notice in this dialogue the use of verbs in the future tense. For its formation see Language structures.

Key phrases

Ask and answer questions about future events

¿Qué va a hacer Vd.?	*What are you going to do?*
Voy a responder a la carta del señor Ríos.	*I am going to answer señor Ríos's letter.*
Estará allí hasta el domingo, ¿verdad?	*You will be there until Sunday, won't you?*
Regresaré el lunes.	*I will come back on Monday.*

Say what you intend to do

Pienso terminar el acta de la reunión.	*I am thinking of finishing the minutes of the meeting/I intend to finish the minutes of the meeting.*

Say what you hope to do

Espero volver antes del mediodía.	*I hope to return before midday.*

Exercise 1

You have a busy day at the office today. Your boss comes in and asks you what you are going to do. Look at the notes below and answer using the form **voy a** + infinitive, e.g. **voy a trabajar** *I am going to work.*

Martes 13

Mayo

Enviar convocatoria para la reunión del viernes 16.

Escribir a la papelería para pedir más material.

Llamar a la agencia de viajes para reservar una plaza para Nueva York.

Llamar al servicio de averías de la Telefónica para que instalen una nueva extensión.

Telefonear al Hotel Don Quijote para cancelar la reserva del Sr. Castro.

Vocabulary

la convocatoria *notice*
la papelería *stationer's*
pedir *to ask for*
el servicio de averías *repair
service*

**la Telefónica (la Compañía
Telefónica)** *telephone
company (Spain)*
para que instalen *to get
them to install*

Exercise 2

You are working in the import department of a company which
imports and distributes goods from Spain. A fax in Spanish has
been received and it has been passed on to you for translation.
Translate it accurately in a suitable form of English. Refer to the
vocabulary at the back of the book if necessary.

```
REFERENTE ENTREGA ZAPATOS PEDIDO Nº
RZ6/58324/MQ.
LAMENTAMOS IMPOSIBLE EFECTUAR TOTALIDAD
ANTES FINES JUNIO DEBIDO PROBLEMAS
LABORALES.
ESPERAMOS HACER ENTREGA PARCIAL MEDIADOS
JUNIO.
ROGAMOS CONFIRMACION DE SER ACEPTABLE.
```

Exercise 3

You have been asked to reply in Spanish to the fax above on the
basis of these notes:

– Thanks for the fax (**el fax**).
– Ask for confirmation of exact date of partial delivery and
quantities.
– Say you hope to receive the remainder of the order before 30
June.

Useful expressions:

agradecemos   *we thank you*
rogamos confirmar/rogamos   *kindly confirm*
confirmación
esperamos... el saldo del   *we hope ... the remainder*
pedido...   *of the order ...*

Exercise 4

Study this extract from a letter sent by someone who is travelling to South America on business.

> Saldré de Londres el día 5 de agosto y llegaré a Caracas el día 6 a las 18.30 horas, en el vuelo VA406 de Viasa. Me quedaré en el Hotel Simón Bolívar. Desde Caracas seguiré viaje a Bogotá y desde allí a Quito. Regresaré a Londres el día 18 de agosto.

Answer in English.

1 What day will the traveller leave London?
2 When will he arrive in Caracas?
3 Where will he stay?
4 Where will he travel after Caracas?
5 Where will he go from there?
6 When will he return to London?

Now, imagine you have been sent to South America and you are writing to a Spanish-speaking colleague to announce your travel plans. Look at the map of South America and write a similar passage following the model above.

| Exercise 5 | Your company has received a letter in Spanish from a South American customer and you have been asked to translate it into English. This is an extract from that letter. |

> La presente tiene por objeto informar a ustedes sobre mi próximo viaje a Londres. Saldré de Buenos Aires el día 15 de octubre y llegaré al aeropuerto de Heathrow a las 20.15 horas del día 16. Me iré directamente al Hotel Park donde tengo una habitación reservada. Espero estar en Londres una semana, antes de continuar viaje a París...

Comprehension 1

A representative of Comercial Hispana is travelling to South America on business. At a meeting in Madrid he outlines his plans. A secretary has been asked to take notes in case the representative needs to be contacted. Listen and complete the table below with the appropriate information in Spanish, as the secretary might have done. Note **el destino** *destination* and **el alojamiento** *accommodation*.

	Destino	Fechas	Alojamiento	Notas
1	Caracas	2–7 febrero	Hotel Bolívar	1 día en Maracaibo
2				
3				
4				
5				

Comprehension 2

Here is some information concerning Spanish tourism. Read through it carefully and then answer the two sets of questions.

Los españoles viajan

Casi una tercera parte de los españoles – 10 millones – sale anualmente al extranjero, según estadísticas que maneja la Secretaría de Turismo. Pero cerca de la mitad de ellos pasa por la frontera de Andorra, es decir, que se trata de un turismo con carácter un tanto comercial. Dentro del país, en cambio, los viajes tienen un carácter puramente festivo. Cada vez más los españoles se inclinan por el viaje organizado y los "tours operadores" venden con la ventaja para el turista de obtener un precio menor y una mayor garantía de satisfacción.

Puerto de Pollensa, Mallorca

Tamariu, Costa Brava   *Calpe, Costa Blanca*

¿Los sitios preferidos? Las playas. Los madrileños se inclinan por la zona de Levante. Los dos últimos años, además, registran un fuerte aumento del interés por las islas Canarias.

El turismo
El turismo es actualmente una importante fuente de ingresos para la economía española. Millones de turistas llegan cada año a España desde distintas partes de Europa. El número de turistas alcanza los 50 millones anuales aproximadamente, y de ellos más de 11 millones vienen de Francia, el primer país en la lista de procedencia. También visitan España millones de portugueses, alemanes e ingleses.

Costas e islas
Las costas españolas, especialmente el Mediterráneo, son el lugar de concentración de la mayor parte de los turistas extranjeros. Los más importantes centros turísticos están en la Costa Brava, alrededor de Barcelona, en la Costa Blanca, entre Valencia y Alicante, y en la Costa del Sol, en Andalucía.

Frente a la costa del Mediterráneo están las Islas Baleares, con una enorme afluencia de turistas extranjeros. El aeropuerto de Palma de Mallorca es uno de los de mayor tráfico en toda España. Las Islas Canarias, situadas frente a la costa de África Occidental, ofrecen al turista extranjero un clima agradable durante la mayor parte del año. Tenerife y Gran Canaria son los dos centros principales del turismo canario.
(*Cambio 16, Nº 391*)

Vocabulary

una tercera parte *a third*	**cada vez más** *more and more*	**un fuerte aumento** *a strong increase*
según *according to*	**inclinarse por** *to favour*	**la fuente** *source*
manejar *to handle*	**la ventaja** *advantage*	**la procedencia** *place of origin*
cerca de *nearly*	**un precio menor** *a lower price*	**alrededor de** *around*
la mitad *half*	**el sitio** *place*	**frente a** *opposite, facing*
se trata de *it concerns*	**preferido** *favourite*	**occidental** *west*
un tanto *somewhat*	**último** *last*	
puramente festivo *purely for enjoyment*		

1 True or false?
Say whether the following statements are true or false. Correct the false statements.
- **a)** Aproximadamente un 50% de los españoles sale al extranjero anualmente.
- **b)** Aproximadamente el 50% de ellos cruza la frontera de Andorra.
- **c)** La tendencia actual es a viajar independientemente.
- **d)** La mayoría de los españoles prefiere viajar a la playa.

2 Answer in Spanish.
- **a)** ¿Aproximadamente cuántos turistas visitan España cada año?
- **b)** ¿Cuál es el primer país en la lista de procedencia?
- **c)** ¿Cuál es el lugar de concentración de la mayor parte de los turistas extranjeros en España?
- **d)** ¿Cuál es uno de los aeropuertos de mayor tráfico en toda España?

‖ *Pronunciation*

Listen and repeat: **u**

u is pronounced approximately like *oo*, as in *shoot*. When combined with **a**, **e**, **i** or **o** it is pronounced like the English *w*. However you should note that **u** is not pronounced in the combinations **gue**, **gui**, **que** and **qui** as you will have noticed in words like **guerra**, **querer** and **alquilar**.

1 El v**ue**lo es el l**u**nes a la **u**na y c**u**arto.
2 ¿C**u**ándo v**ue**lve **u**sted de **U**r**u**g**u**ay?
3 V**ue**lvo el j**ue**ves c**u**atro de j**u**nio.
4 El v**ue**lo c**u**atro **u**no n**u**eve de PL**U**NA llega al aerop**ue**rto a las diecin**ue**ve horas.

Language structures

Verbs   **Ir a** + infinitive *to be going* + infinitive

To refer to future events and actions we may use the present tense of **ir** (**voy, vas, va, vamos, vais, van**) followed by the preposition **a** plus an infinitive. In the spoken language, this construction tends to be more frequent than the future tense.

Examples:
¿Qué va a hacer?	*What are you going to do?*
Voy a responder a su carta.	*I am going to answer his letter.*
¿Adónde vais a ir?	*Where are you going (to go)?*
Vamos a ir al Perú.	*We are going (to go) to Peru.*

The future tense

To refer to future events and actions we may also use the future tense. In colloquial language, this is less frequent than the construction above, but in formal written language it is very frequent. To form the future tense we take the infinitive and attach to it the appropriate endings. All three conjugations share the same endings. Here are some model verbs:

via**jar**	*to travel*:	viajar**é**, viajar**ás**, viajar**á**, viajar**emos**, viajar**éis**, viajar**án**.
tra**er**	*to bring*:	traer**é**, traer**ás**, traer**á**, traer**emos**, traer**éis**, traer**án**.
seg**uir**	*to continue*:	seguir**é**, seguir**ás**, seguir**á**, seguir**emos**, seguir**éis**, seguir**án**.

Examples:
Viajaré a Caracas.	*I will travel to Caracas.*
Se la traeré.	*I will bring it to you.*
Seguiré a Bogotá.	*I will go on to Bogotá.*

Some verbs form the future tense in an irregular way, but their endings are the same as for regular verbs. Here are some of the most important:

decir	*to say*	diré, dirás, dirá…
hacer	*to do, make*	haré, harás, hará…
poder	*to be able, can*	podré, podrás, podrá…
poner	*to put*	pondré, pondrás, pondrá…
querer	*to want*	querré, querrás, querrá…
saber	*to know*	sabré, sabrás, sabrá…
salir	*to leave*	sáldré, saldrás, saldrá…
tener	*to have*	tendré, tendrás, tendrá…
venir	*to come*	vendré, vendrás, vendrá…

Notice also the form **habrá** *there will be* which is the future form of **hay** (from **haber**, auxiliary verb *to have*).

> ¿Qué días habrá función?   *What days will there be a performance?*

Pensar + infinitive *to be thinking of* + gerund

To express intentions in Spanish, we may use **pensar** followed by an infinitive. **Pensar** is a stem-changing verb: the **e** of the stem changes into **ie**:

> p**ie**nso, p**ie**nsas, p**ie**nsa, pensamos, pensáis, p**ie**nsan.

Examples:
¿Qué piensa hacer Vd.?   *What are you thinking of doing?/*
                          What do you intend to do?
Pienso terminar el acta.   *I am thinking of finishing the minutes./*
                          I intend to finish the minutes.

Esperar + infinitive *to hope* + infinitive

To say what one hopes to do, we may use the verb **esperar** *to hope*, a regular first conjugation verb, followed by an infinitive.

Examples:
Espero volver antes del mediodía.   *I hope to return before midday.*
Esperamos viajar a Argentina.   *We hope to travel to Argentina.*

Remember that **esperar** can also mean *to expect* and *to wait for*.

Language progress check

Exercise 6

You are talking with a Spanish-speaking colleague about your next holiday. He/she asks where you are going, how long you are going for, when you are leaving, how you are going to travel, where you are going to stay and when you are coming back. Answer the questions giving real or imaginary information. Practise this conversation in pairs and record it as evidence of achievement.

Exercise 7

You have received this fax from Julio González who will be visiting your company. You have to act on it so make sure you understand it. The questions which follow will help you check comprehension.

> Muy señor mío:
> La presente tiene por objeto informar a Vd. sobre la visita que el señor Juan Pérez y yo haremos a sus oficinas en Manchester. Viajaremos por tren y llegaremos allí el martes 29, a las 16.15. Tenemos habitaciones reservadas en el Hotel St Peter's. Inmediatamente después de nuestra llegada le llamaremos por teléfono para confirmar la hora de nuestra primera reunión. Ésta puede ser el miércoles por la mañana, a las 10.00 ó 10.30, si le parece bien. Sólo estaremos un día en Manchester – el miércoles a las 18.30 saldremos para Edimburgo – de manera que si es necesario podemos reunirnos otra vez el martes por la tarde o el miércoles por la mañana...

1 When will señor González and señor Pérez arrive in Manchester?

2 What will they do immediately after their arrival?

3 Which day and time does señor González suggest for a meeting?

4 How long will they be in Manchester?

5 When could you have another meeting with them?

Exercise 8

You are writing a letter announcing a visit by you and a colleague to a company in Madrid. Complete this extract from the letter with the correct form of the verbs in brackets.

> Estimado señor Santana:
> La presente tiene por objeto informar a Vd. sobre la visita que el señor John Sour y yo (hacer) a sus oficinas en Madrid. Nuestra llegada (ser) el martes 4 del presente a las 17.15 horas y (pensar) estar en Madrid hasta el jueves 6. Inmediatamente después de nuestra llegada le (llamar) por teléfono para acordar el lugar y la hora de nuestra reunión. Creemos que no (haber) problema en realizarla en nuestro hotel, el hotel Los Ingleses, de la calle Victoria...

||

Cultural briefing

Differences between Peninsular Spanish and the Spanish spoken in Latin America affect not just the area of vocabulary but also pronunciation and, to some extent, grammar. In terms of grammatical usage, for instance, the future tense to denote future events (e.g. **iremos al cine** *we will go to the cinema*) seems to be more frequent in Spain than in Spanish America, where the construction with **ir a** + infinitive seems to be far more common. The tendency nowadays, and this is also true of Spain, is to use the future tense to express other meanings, for example:

Supposition or approximation

¿Dónde estará él?	*I wonder where he is.*
¿Qué hora será?	*I wonder what time it is.*
Ella tendrá unos 30 años.	*She must be about 30 years old.*

Consolidation

It is a busy day at the office but your Spanish-speaking colleague keeps interrupting you. Answer your colleague's questions, using the future tense when you refer to future time. Practise this conversation in pairs and record it as evidence of achievement.

Colega ¿Tienes tiempo para tomar un café?

Vd. (Say you are sorry but you are very busy. At 9.00 you will have a meeting with a client from Tunisia, then you will have to go to the bank, and at 12.30 you will go to the airport to pick up your wife/husband who is coming from New York. Unfortunately you haven't got time to have coffee with him/her.)

Colega Entonces, ¿qué te parece si vamos a tomar una copa después del trabajo esta tarde?

Vd. (Say you can't. You are going to stay at the office to finish a report (**un informe**) and at 18.30 you are going to telephone a client in Mexico.)

Colega ¿Mañana quizá?

Vd. (Yes, tomorrow perhaps.)

Checklist

Before you proceed to Unit 13 are you certain you can carry out the following tasks in Spanish?

1 Talk about future events and actions

2 Say what you intend to do
3 Say what you hope to do
4 Ask questions about future events.

13 Se fue el jueves

In Unit 13 you will learn how to …

- ask and answer questions about past events
- pass on a message
- express regret and joy.

STUDY TIP

Expressing feelings is an important area of language, as are forms of courtesy which Spanish speakers take very seriously. The polite exchanges in the dialogues will come in handy in this respect. Note how the flow of conversation is kept going. Exclamations are worth building up too.

Listen carefully to the following dialogue. You will hear verbs in the present and future tenses, and also one **se fue** in the past.

Dialogue 1: El señor García no está

Señora Rojas, a businesswoman, telephones señor García at his office.

Recepcionista	Comercial Hispana, ¿dígame?
Sra. Rojas	Buenos días. Quisiera hablar con el señor Carlos García, por favor. De parte de Carmen Rojas.
Recepcionista	El señor García no está. Está en Chile.
Sra. Rojas	¡Qué lástima! ¿Y cuándo se fue?
Recepcionista	Me parece que se fue el jueves pasado.
Sra. Rojas	¿Sabe Vd. cuándo volverá?
Recepcionista	Regresará a Madrid el lunes 2 de mayo, pero no vendrá aquí hasta el miércoles. ¿Quiere Vd. dejarle algún recado con la secretaria?
Sra. Rojas	Sí, por favor.
Recepcionista	Bueno, un momento. No cuelgue.

ciento cincuenta y nueve **159**

Vocabulary

¡qué lástima! *what a pity!*	**se fue** *he left*	**no cuelgue** *hold on, don't*
¿cuándo se fue? *when did he leave?*	**el jueves pasado** *last Thursday*	*hang up*

Notes

1 **Se fue.** *He left.* The verb here is **irse**, *to leave*, and the tense is the preterite, which is equivalent in English to the simple past. For its formation see Language structures.

In the next dialogue there is more conversation about past events. Listen very carefully and you will probably be able to recognise some verbs in the past, especially in Isabel's final part in the dialogue.

Dialogue 2: ## De vuelta de Chile

On his return from Chile, señor García greets his secretary. She passes on a series of messages to him.

Sr. García   Buenos días, Isabel. ¿Cómo está?

Isabel   Muy bien, gracias. ¿Cómo le fue en su viaje a Chile?

Sr. García   Estupendamente. Fue un viaje sin contratiempos, y desde el punto de vista comercial, fue muy positivo.

Isabel   Me alegro mucho. ¿Le gustó Santiago?

Sr. García   Sí, me gustó muchísimo. Es una ciudad muy agradable y hasta tuve tiempo para ir a esquiar. ¿Y qué tal todo por aquí?

Isabel   Perfectamente. Hay algunos recados para Vd. Se los daré en seguida.

Sr. García   Muy bien.

Isabel   *(looking at her notes)* El jueves pasado llamó el señor Paul Richards, desde Londres. Dice que desea hablar con Vd. El lunes llamó la señora Carmen Rojas de

El Palacio de la Moneda, Santiago de Chile

Barcelona. Está aquí en Madrid, en el hotel Mayorazgo, y quiere ponerse en contacto con Vd. Dice que es muy importante. Ayer por la tarde vino un señor de apellido Gutiérrez y dejó esta carta. También estuvo aquí el técnico…

Vocabulary

¿cómo le fue? *how did it go?*
el contratiempo *setback, problem*
el punto de vista *point of view*
fue (ser) *(it) was*
me alegro mucho *I am very glad*
¿le gustó…? *did you like …?*
hasta *even*

tuve tiempo *I had time*
¿qué tal todo? *how is everything?*
se las daré *I'll give them to you*
llamó *he/she/you called*
dice que *he/she says that*
ponerse en contacto *to get in touch*
ayer *yesterday*

vino un señor *a gentleman came*
dejó *he left*
estuvo aquí el técnico *the technician was here*

Notes

1 **¿Cómo le fue en su viaje?** *How did your trip/journey go?* The verb here is **ir**, which in the third person singular of the preterite tense becomes **fue**. See Language structures for more information. Notice also the use of the pronoun **le**, meaning *with you/to you* (polite). The familiar equivalent of this sentence is **¿cómo te fue en tu viaje?**

2 **Fue un viaje sin contratiempos.** *It was a journey without setbacks.* The verb here is **ser** *to be*, whose preterite forms are the same as for **ir**.

3 **¿Le gustó Santiago?** *Did you like Santiago?* **Sí, me gustó muchísimo.** *Yes, I liked it a lot.* Notice how to ask about and express likes and dislikes in the past. Another example: **¿Te gustó la comida?** *Did you like the food?* **No, no me gustó nada.** *No, I didn't like it at all.*

4 The formation of the preterite tense is covered fully in the Language structures section, and you should have a look through this now as it will help you to do the exercises. Then listen again to the recording of Dialogue 2 and note how the **ó** ending of the third person singular of regular **ar** verbs is stressed while the **o** ending of irregular verbs like **estuvo** and **vino** is not.

Key phrases

Ask and answer questions about past events

¿Cómo le fue en su viaje?
Fue un viaje sin contratiempos.

How did your journey go?
It was a journey without setbacks.

Passing on a message

Llamó el señor Paul Richards desde Londres. Dice que desea hablar con Vd.

Mr Paul Richards from London phoned. He says he wants to speak with you.

Express regret and joy

¡Qué lástima!
Me alegro mucho.

What a pity!
I am very glad.

Exercise 1

Using Dialogue 1 as a model, write another dialogue based on the following situation.

A Spanish-speaking customer has come to see your boss, who left for Spain the previous week and will be back in the office on Monday, 30 June. You ask the customer if he would like to leave a message but he/she says it is not necessary. He/she will phone again on Monday afternoon.

Useful phrases you will need are: **la semana pasada** *the previous week*, **no es necesario** *it is not necessary.*

La Pirámide del 25 de mayo, Buenos Aires

Exercise 2

You are doing business in Latin America. You have spent three days in Rio de Janeiro, where you had plenty of chance to use your Portuguese. Now you are in a Spanish-speaking country. At Buenos Aires airport you are met by the Argentinian representative of your company.

Representante	Buenas tardes. ¡Bienvenido a Buenos Aires!
Vd.	(Thank you very much.)
Representante	Vd. viene de Río de Janeiro, ¿verdad?
Vd.	(Yes, you are coming from Rio.)
Representante	¿Y qué tal el viaje?
Vd.	(Say the journey was excellent but you are a little tired.)
Representante	¿Le gustó Río?
Vd.	(Yes, you liked it very much. Rio is a very beautiful city and the people are nice. Ask how things are in Buenos Aires.)
Representante	Bueno, la situación económica está muy mala. Tenemos una inflación muy alta en este momento y la devaluación del peso es inminente.

Vd.	(What a pity!)
Representante	Pero la empresa tiene muy buenas perspectivas. Hay mucho interés por nuestros productos.
Vd.	(Say you are very glad. It is good news.)

Vocabulary

bienvenido/a *welcome*
un poco cansado/a *a little tired*

es una buena noticia *it is good news*
interés por *interest in*

Notes

1 Remember that *people* is a singular noun in Spanish: **la gente**.

Exercise 3

You are working with a Spanish-speaking colleague, Pablo Rivera, in the same office. His English is not very good, so you tend to communicate in Spanish. Here is a message in English for your colleague and a new chance for you to practise the language.

> Derek,
>
> When you see Pablo Rivera, can you tell him that I'd like to speak with him? It's very important. I'm working in room 410.
>
> Peter Johnson

Now how would you convey the message in Spanish to your colleague?

Exercise 4

There have been some messages for your colleague Pablo Rivera during his absence, and as you may not see him again today, you decide to write down the messages in Spanish and leave them on his desk:

1 Tell him that señora María Alonso phoned. She says she is in London and would like to get in touch with him. She is at the Plaza Hotel, in room 55.
2 Tell him that the technician was in the office this morning. He came to see the computer. He says he will repair it tomorrow. Note: **reparar** *to repair.*

Comprehension 1

1 The boss has returned from a business trip abroad. On his first day back at the office he talks to his secretary. Reproduce her part of the conversation. Before you start listening to the recording, look at the words and phrases that denote past time in the Language structures section.

Jefe	¿Llamó Vd. a nuestra oficina en Buenos Aires?
Secretaria	_____
	_____
Jefe	Estupendo. ¿Escribió Vd. a nuestro representante en Londres?
Secretaria	_____
	_____
Jefe	¡Perfecto! ¿Hizo Vd. la reserva para mi viaje a París?
Secretaria	_____
	_____
Jefe	¡Qué bueno! ¿Envió Vd. las flores a mi mujer?
Secretaria	_____
	_____
Jefe	Estupendo. ¿Recibiste mi carta Dolores?
Secretaria	_____
	_____

Vocabulary

les di *I gave them*
las flores *flowers*

como Vd. me ordenó *as you ordered me*

¿recibiste...? *did you receive ...?*

---

2 Listen to these news items about economic affairs from Radio Comercio in Mexico City a few times. Then when you are ready, listen again and fill in the missing words and phrases in this transcript, stopping your tape as necessary to give you time to write.

México

El presidente de la República regresó _____ a México

después de una _____ de tres días a Washington.

Según _____ el presidente mexicano a la prensa a

su _____ al aeropuerto esta tarde, el _____

de su visita a Washington fue establecer las bases para un

acuerdo de _____ comercio entre Estados Unidos y

México.

Argentina

Miles de trabajadores salieron _____ a las calles de

Buenos Aires _____ protestar por la reducción de

_____ en varias empresas estatales. La nueva

política _____ del gobierno pretende reducir el

déficit _____ y dar un nuevo impulso a la

_____ de este país sudamericano.

Chile

Una misión comercial mexicana llegó ayer _____

a la capital chilena para entrevistarse con autoridades y

empresarios _____.

El motivo de esta visita es promover _____

_____

entre los dos países y establecer empresas conjuntas, con

_____.

Chile, cuya economía es una de _____

_____, posee grandes

riquezas minerales y exporta _____

_____.

México

Las exportaciones de productos _____

experimentaron un aumento del 8 por ciento en los

_____ doce meses, según declaró hoy el ministro de

_____ y Comercio, al inaugurar la X Feria

_____ de Monterrey...

Vocabulary

la prensa *press*
el propósito *purpose*
libre comercio *free trade*
los trabajadores *workers*
las empresas estatales
   public companies

entrevistarse *to have talks*
el intercambio comercial
   commercial exchange
la riqueza *wealth*
el ministro *minister*
la feria *trade fair*

Comprehension 2

The text which follows deals with Spain's entry into the European Community and with the economic adjustments the country had to make to be able to compete with the other members. The second passage analyses some of these transformations. The last passage refers to new labour legislation during the period of transition to democracy which followed the death of General Franco. As you read these texts try answering these questions:

1 When did Spain join the EC?
2 What did the country have to do to adapt its economy to that of the other Community members?
3 What is said in the text about industrial restructuring?
4 What has been one of the results of these transformations?
5 When was the right to strike recognised in Spain?
6 When were trade unions legalised?

España en la Comunidad Europea (CE)

Diez años después de la muerte del General Francisco Franco (20 de noviembre de 1975) y de la reinserción de España en la Europa democrática, se firmó el tratado que la convirtió en miembro de la Comunidad Europea (1 de enero de 1986).

Un nuevo orden económico

El 1 de abril de 1977 se promulgó la ley que legalizó las centrales sindicales

La entrada de España en la CE obligó al país a realizar una serie de transformaciones a fin de adaptar su economía a la de los otros países de la Comunidad. Así se inició en España un rápido proceso de modernización y de incorporación de nuevas tecnologías. La economía nacional, tanto en el sector industrial como agrícola, tuvo que realizar los ajustes necesarios para poder competir en un pie de igualdad con los socios comunitarios. Los inicios de este proceso de transformación no fueron fáciles. La reconversión industrial, por ejemplo, fue causa de serios conflictos entre trabajadores y autoridades de gobierno. El proceso, sin embargo, continúa avanzando y España cuenta ahora con una industria mucho más moderna y una agricultura más eficiente. Resultado de ello, y de un adecuado manejo de la economía, es la alta tasa de crecimiento económico de los últimos años.

Leyes laborales

Tras la desaparición de la dictadura franquista en 1975 y la iniciación del proceso de transición democrática, el panorama laboral español cambió sustancialmente. En 1977 se reconoció el derecho de huelga y el 1 de abril de ese año se promulgó la ley que legalizó las centrales sindicales. Más tarde, la Constitución de 1978 consagró el derecho de huelga y la libertad sindical.

Vocabulary

la muerte *death*	**el socio** *partner*	**la dictadura** *dictatorship*
el tratado *treaty*	**la reconversión**	**franquista** *Francoist*
el miembro *member*	*restructuring*	*(pertaining to Franco)*
la entrada *entrance*	**cuenta con (contar con)** *it*	**el derecho de huelga** *the*
obligó *(it) forced*	*has (to have)*	*right to strike*
a fin de *in order to*	**el manejo** *handling*	**las centrales sindicales**
tuvo que *it had to*	**la tasa de crecimiento**	*trade unions*
el ajuste *adjustment*	**económico** *growth rate*	**consagró** *it recognised*
en un pie de igualdad *on an*	**las leyes laborales** *labour*	
equal footing	*laws*	

|| Pronunciation

Listen and repeat: **y**

At the beginning and in the middle of a word, **y** is pronounced approximately like the *y* in *yes*.

1 **Y**o regresé el lunes dos de ma**y**o.
2 Está en el hotel Ma**y**orazgo.
3 El hotel Ma**y**orazgo está en la Calle Ma**y**or.
4 La señora **Y**áñez se fue a**y**er a Gua**y**aquil.

Language structures

Verbs The preterite tense

To relate past events in Spanish such as *she phoned*, *he came*, we use the preterite tense. The preterite tense has one set of endings for **ar** verbs and another for **er** and **ir** verbs. Here is a model verb for each of the three conjugations:

llamar *to phone*			
llam**é**	*I phoned*	llam**amos**	*we phoned*
llam**aste**	*you phoned* (fam.)	llam**asteis**	*you phoned* (fam.)
llam**ó**	*he/she/you phoned*	llam**aron**	*they/you phoned*

Note the accent on the final **o** of the third person singular which distinguishes it from the first person singular of the present tense: **llamo** *I phone*, **llamó** *he phoned*. In speech you can hear the difference quite clearly as you will have noticed in Dialogue 2.

respon**der** *to answer*			
respond**í**	*I answered*	respond**imos**	*we answered*
respond**iste**	*you answered (fam.)*	respond**isteis**	*you answered (fam.)*
respond**ió**	*he/she/you answered*	respond**ieron**	*they/you answered*

viv**ir**	*to live*		
viv**í**	*I lived*	viv**imos**	*we lived*
viv**iste**	*you lived (fam.)*	viv**isteis**	*you lived (fam.)*
viv**ió**	*he/she/you lived*	viv**ieron**	*they/you lived*

Examples:

Llamó un señor.	*A gentleman phoned.*
Respondí a la carta	*I answered the letter.*
Él vivió en Londres.	*He lived in London.*

Some verbs form the preterite tense in an irregular way. Here are some of the most important:

decir *to say, tell:*	dije, dijiste, dijo, dijimos, dijisteis, dijeron
traer *to bring:*	traje, trajiste, trajo, trajimos, trajisteis, trajeron
estar *to be:*	estuve, estuviste, estuvo, estuvimos, estuvisteis, estuvieron
tener *to have:*	tuve, tuviste, tuvo, tuvimos, tuvisteis, tuvieron
poder *to be able to:*	pude, pudiste, pudo, pudimos, pudisteis, pudieron
poner *to put:*	puse, pusiste, puso, pusimos, pusisteis, pusieron
hacer *to do, make:*	hice, hiciste, hizo, hicimos, hicisteis, hicieron
querer *to want:*	quise, quisiste, quiso, quisimos, quisisteis, quisieron
ser *to be/*ir *to go:*	fui, fuiste, fue, fuimos, fuisteis, fueron
dar *to give:*	di, diste, dio, dimos, disteis, dieron
venir *to come:*	vine, viniste, vino, vinimos, vinisteis, vinieron

Examples:

Fue un viaje sin contratiempos.	*It was a journey without setbacks.*
Vino un señor.	*A gentleman came.*
Estuvo aquí el técnico.	*The technician was here.*

Time   Words and phrases denoting past time

ayer	*yesterday*
anteayer	*the day before yesterday*
el lunes pasado	*last Monday*
el año/mes pasado	*last year/month*
la semana pasada	*last week*
hace dos años/días	*two years/days ago*

Exclamations   Verbs and phrases used to express regret and joy

¡Qué lástima!/¡Qué pena!	*What a pity!*
¡Es una lástima!/¡Es una pena!	*It is a pity!*
¡Lo siento (mucho)! (sentir)	*I am (very) sorry (to be sorry)*
¡Me alegro (mucho)! (alegrarse)	*I am (very) glad! (to be glad)*
¡Qué bueno!	*That's good!*
¡Fantástico!	*Fantastic!/Terrific!*
¡Estupendo!	*Super!/Great!*

Language progress check

Exercise 5

A Spanish-speaking colleague asks you about your recent holiday. He/she asks where you went, who you went with, how long you were there, where you stayed, whether you liked the place and when you came back. Practise this conversation in pairs and record it as evidence of achievement.

Exercise 6

NVQ LEVEL R2.2

Your company is looking for someone with a knowledge of Spanish. You have been asked to read and summarise in English a letter sent in Spanish by one of the applicants. Below is part of that letter. Note the following key words and phrases: **adjuntar** *to enclose*; **niñez** (f) *childhood*; **entender** *to understand*; **secretaria de dirección** *personal assistant*; **licores** (m pl) *spirits*; **conocimiento** (m) *knowledge*; **procesamiento de textos** (m) *word processing*. Keep your summary of the letter as a record of achievement.

> Muy señor mío:
> En respuesta a su anuncio publicado en *The European* de fecha 4 de mayo, en el que se solicita secretaria bilingüe, tengo el agrado de adjuntar mi solicitud para el puesto.
> Soy británica, de padres españoles y tengo veinticuatro años. Durante mi niñez viví cuatro años en España, por lo que entiendo y hablo perfectamente el español.
> Hice estudios de secretariado bilingüe en West College, en Londres, donde estudié español y francés.
> Después de terminar mis estudios trabajé durante dos años como secretaria de dirección en Davies Wine Merchants Ltd., una empresa importadora de vinos y licores, donde pude consolidar mis conocimientos de español comercial y de procesamiento de textos...

Exercise 7

NVQ LEVEL W2.1

You are writing an assessment report on Isabel, one of the secretaries in your department. Complete this paragraph with the correct form of the verb in brackets.

Esta mañana Isabel (llegar) a la oficina a las 9.00 de la mañana y (empezar) a trabajar casi de inmediato. Lo primero que (hacer) fue leer la correspondencia y después (escribir) un par de cartas. A las 9.30 el señor García la (llamar) a su despacho para dictarle una carta. A las 10.00, Isabel (ir) al banco para ingresar unos cheques, luego (beber) un café y (regresar) a la oficina. A las 11.30 (venir) un cliente de California. El señor García (recibir) al cliente en su despacho.

Vocabulary

casi de inmediato *almost immediately*

el despacho *office*
dictar *to dictate*

ingresar *to deposit*

Cultural briefing

Expressions of regret and joy tend to be much more emphatic in Spanish than in English, and they seem to be used more frequently too. To English ears, exclamations such as **¡fantástico!**, **¡estupendo!** may sound a little exaggerated sometimes, but to Spanish speakers they are not. Pay attention to the intonation and emphasis given to these expressions and use them when appropriate.

When it comes to apologising, Spanish speakers may on occasion appear impolite to British people, as expressions such as **lo siento** *I am sorry*, **lo siento mucho** *I am very sorry* or **perdone** *excuse me, pardon me* are much less frequent in Spanish than in English. Words like **gracias** *thank you* and **por favor** *please* are also used less often in Spanish than in English.

Consolidation

You have been asked to write a letter in Spanish to a firm in Zaragoza, Spain, informing them about the partial delivery of some goods. Here is part of that letter. You only need to insert the missing verbs in the right tense.

> Muy señores nuestros:
> Nos (ser) muy grato informarles que las mercancías que Vds. nos (solicitar) en su carta de 14 de mayo (ser) despachadas el 1 de junio pasado.
> Desafortunadamente no nos (ser) posible despachar la totalidad del pedido, debido a que, por un problema de producción, nuestras existencias en este momento (ser) muy limitadas.
> Lamentamos esta situación y (esperar) no causarles ningún inconveniente. En todo caso, el resto de las mercancías (ser) enviadas dentro de los próximos quince días...

Checklist

Check that you can carry out the following tasks in Spanish.

1 Talk about past events and actions
2 Ask about past events and actions
3 Pass on messages to people
4 Express regret
5 Express joy or pleasure.

At this final stage it is worth spending some time doing spot checks on earlier units to make sure that you have not skipped anything too important. You should fill in any gaps and move on from recognising items of vocabulary, phrases or verb forms to being able to produce them without a special effort.

The best way of increasing fluency is undoubtedly to talk to native speakers and visit the country itself. You could also move on from the tapes to listen to the radio or find a way of watching satellite TV. Spanish-language newspapers are more widely available nowadays too.

Vocabulary list

This Spanish–English vocabulary includes all words used in the book, except some words which are virtually identical in form and meaning to their English equivalents, and grammatical words. Specialised vocabulary, already listed inside the book, has also been omitted.

A
abrir to open
absentismo (*m*) absenteeism
academia de arte (*f*) arts academy
aceptable acceptable
acompañar to accompany
aconsejar to advise
acordar to agree
acostarse to go to bed
actitud (*f*) attitude
actividad (*f*) activity
actual present
actualmente at present
acuerdo (*m*) agreement
acuerdo: de acuerdo fine, all right
adaptar to adapt
adecuado adequate
además besides
adiós goodbye
administración de empresas (*f*) business administration
adónde where to
adquirir to purchase, buy
aeropuerto (*m*) airport
aficionado: ser aficionado a to be fond of
afluencia (*f*) flow
afueras (*f/pl*) outskirts
agencia de viajes (*f*) travel agency
agradable pleasant
agradecer to thank
agrícola agricultural
agua mineral (*f*) mineral water
ahora now
ahora mismo right now
ahorro (*m*) saving
aire acondicionado (*m*) air conditioning
al (a + el) to the, at, on
alcance: a su alcance within reach
alcanzar to reach
alegrarse to be glad
alemán German
algo something, anything
algo: ¿algo más? anything else?
alguien someone
algún some, any
algunos/as some
allí there
alojarse to stay
alquilar to rent, hire

alrededor de around, about
alto high, tall
ama de casa (*f*) housewife
amable kind
amanecer to wake up
ambos both
América del Sur (*f*) South America
amigo (*m*) friend
amplio large
ancho (*m*) width
andaluz Andalusian
andando walking, on foot
andén (*m*) platform, bay
anteayer day before yesterday
antes before
antes: lo antes posible as soon as possible
antes de before
antiguo old
anual per year, yearly
anunciar to announce
año (*m*) year
aparcamiento (*m*) car park
aparcar to park
apartado (*m*) PO Box
apartamento (*m*) apartment, flat
aparte separate
apellida: ¿cómo se apellida? what is your surname?
apellido (*m*) surname
apertura (*f*) opening
aprovechar to make the most of, make good use of
aproximadamente approximately
aquél/aquélla that
aquí here
árabe Arab
argentino Argentinian
arquitecto (*m*) architect
arquitectura (*f*) architecture
artículo (*m*) article
ascensor (*f*) lift
asesoramiento (*m*) assistance, counselling
así thus
asiático Asian
atender el teléfono to answer the phone
atentamente yours faithfully
aumentar to increase
aumento (*m*) increase
aunque although
ausencia (*f*) absence

autobús (*m*) bus
autocar (*m*) coach
autoexpreso (*adj*) self-service
automóvil (*m*) automobile
autoridad (*f*) authority
autoservicio (*m*) self service
avanzar to progress, advance
avenida (*f*) avenue
avión (*m*) aircraft, aeroplane
ayer yesterday
azul blue

B
baile (*m*) dance
bajarse to get off
Baleares Balearic Islands
bancario/a (*adj*) bank
banco (*m*) bank
baño (*m*) bathroom
barato cheap
basado based
basar to base
bastante quite
beber to drink
bebida (*f*) drink
beneficio (*m*) benefit
bien well
bienvenido welcome
bilingüe bilingual
billete (*m*) banknote, ticket
blanco white
bocadillo (*m*) sandwich
bonito pretty
botella (*f*) bottle
británico British
buenas tardes good afternoon
bueno good
buenos días good morning

C
cada each
café (*m*) café, coffee
caja (*f*) cash desk
cala (*f*) creek, cove
calcetines (*m/pl*) socks
calcular to estimate
calle (*f*) street
calzado (*m*) footwear
cama (*f*) bed
cambio (*m*) change
camisa (*f*) shirt
campaña (*f*) campaign
campo (*m*) country, field, area
cancelar to cancel
candidato (*m*) candidate, applicant
cantidad (*f*) quantity
capacidad (*f*) capacity
capaz capable
Caribe (*m*) Caribbean
carísimo very expensive
carnet de identidad (*m*) identity card
caro expensive
carta (*f*) menu, letter

cartera (*f*) wallet
casa (*f*) house
casado married
casi almost
caso: en caso de in case of
caso: en todo caso in any case
castellano Castilian
catalán Catalonian
Cataluña Catalonia
catedral (*f*) cathedral
causa (*f*) cause
causa: a causa de owing to, because of
causar to cause
cenar to have dinner
centro (*m*) centre, city centre
centro de deportes (*m*) sports centre
centro comercial (*m*) shopping centre
cerca near, near by
cercano nearest
cerrar to close
certificado registered (letter)
certificado (*m*) certificate
cerveza (*f*) beer
Cía. (compañía) company
cierto/a certain
cinturón (*m*) belt
ciudad (*f*) city
claro of course
clasificar to classify, sort out
cliente (*m*) customer
clima (*m*) climate
coche (*m*) car
coche-cama (*m*) sleeping car
cocina (*f*) kitchen, cooking
coger to catch
colega (*m/f*) colleague
colegio (*m*) school
colgar to hang up
colombiano Colombian
colonia (*f*) colony
comedor (*m*) dining room
comenzar to start
comer to have lunch, eat
como as
cómo how, what
cómo no certainly
cómodo comfortable
competir to compete
complejo (*m*) compound
completar to complete
comprar to buy
compras (*f/pl*) shopping
computador (*m*)/**computadora** (*f*) computer
comunidad autónoma (*f*) self-governing region
Comunidad Europea (*f*) European Community
comunitario (*adj*) community
con with
concesión (*f*) granting
conducir to drive
conectado connected
confirmado confirmed
confirmar to confirm

conjuntas (*see* **empresas**)
conmigo with me
conocer to know
consecuencia: en consecuencia consequently
conseguir to get
considerar to consider
consistir en to consist of
constructora (*f*) construction company
consulado (*m*) consulate
consultar to consult
consumir to consume
consumo (*m*) consumption
contable (*m/f*) accountant
contar con to have
contento happy
el contestador answerphone
continuar to continue
contratiempo (*m*) setback
contrato (*m*) contract, agreement
contribuir to contribute
convertir to make, convert, become
convocatoria (*f*) notice, summons
copa (*f*) drink
Correos: la oficina de Correos (*f*) post-office
corresponder to correspond
correspondiente corresponding
cortés polite
corto short
cosa (*f*) thing
costa (*f*) coast
costar to cost
costoso costly
creación (*f*) establishment, setting up
crecimiento económico (*m*) economic growth
creer to think
cuádruple: habitación cuádruple (*f*) a room for four
cuál which, what
cualquier any
cuándo when
cuánto how much
cuántos how many
cuarto fourth
cuarto (*m*) room
cuarto de baño (*m*) bathroom
cuenta (*f*) account
cuenta corriente (*f*) current account
cultivar to grow
cumplir to keep one's word
cuyo/a whose

CH
chileno Chilean
chino Chinese

D
dar to give
de of, from
deber to have to, must
debido a due to, owing to
decir to say, tell
decir: es decir that is to say
declarar to declare
dedicado given over

dedicar to give over
dedicarse a to do, be engaged in
dejar to leave
del (de + el) of the
dentro within
departamento (*m*) section, department, division
depender de to depend on
dependiente (*m*) shop assistant
deporte (*m*) sport
derecha (*f*) right
desafortunadamente unfortunately
desaparición (*f*) disappearance
desarrollo (*m*) development
desayunar to have breakfast
desayuno (*m*) breakfast
desde from
desear to wish
despachar to despatch
despacho (*m*) office
después after, afterwards
destinado a for, destined for
destino (*m*) destination
detalle (*m*) detail
detrás behind
devolver una llamada to return a call
día (*m*) day
día: de día by day
diferencia (*f*) difference
difícil difficult
dime tell me (familiar)
dinero (*m*) money
dirección (*f*) address, direction
director gerente (*m*) managing director
disco (*m*) disk
disfrutando enjoying
disponer de to have
disponible available
distancia (*f*) distance
distinto different
diversificarse to diversify
diversos different
divorciado divorced
doblar to turn
doble double
documentación (*f*) papers, documents
dólar (*m*) dollar
dónde where
dormir to sleep
dormitorio (*m*) bedroom
ducha (*f*) shower
ducharse to shower
durante during
duro hard

E
e and
ecuatoriano Ecuadorean
edad (*f*) age
editorial (*f*) publishing house
efectivo (*m*) cash
efectuar to carry out
electrodomésticos (*m/pl*) household goods

elevación (*f*) increase
ello this, that
embarcar to embark
empezar to begin
empleado (*m*) employee
emplear to employ
empresas conjuntas (*f/pl*) joint companies
en in, on, at
encantado/a pleased to meet you
encontrar to find
encontrarse to be
enfrente opposite
enorme enormous
ensalada (*f*) salad
entidad (*f*) institution, organisation
entonces then
entrada (*f*) entrance
entre between, among
entrega (*f*) delivery
entrevista (*f*) interview
entrevistarse to have talks
enviar to send
época (*f*) time
equipaje (*m*) luggage
equipo (*m*) equipment
escala (*f*) stopover
escocés Scottish
Escocia Scotland
escolar (*adj*) school
escribir to write
ese/a that
eso that
eso es that's it
español Spanish
especialmente especially
espectáculo (*m*) show, entertainment
esperar to wait, hope, expect
esposo/a (*m/f*) husband, wife
esquiar to ski
esquina (*f*) corner
establecer to establish
estación (*f*) station
estación de metro (*f*) underground station
estadística (*f*) statistics
estado (*m*) state
Estado Asociado (*m*) Associated State
estado civil (*m*) marital status
Estados Unidos (*m*) United States
estampilla (*f*) stamp (Latin America)
estar to be
estatal (*adj*) state, public
éste/a this
este (*m*) east
estructura (*f*) structure
estudiante (*m/f*) student
estudiar to study
estupendamente very well
estupendo very good, fantastic, great
euskera Basque (language)
exactamente exactly
excepción: con excepción de except for
existencias (*f/pl*) stocks

existir to exist
experimentar to experience, undergo
explotación (*f*) exploitation
exportación (*f*) export
exportar to export
expresar to express
extenso large
exterior facing the street, outside
extranjero foreign, abroad

F
fabricar to manufacture
fácil easy
facilitar to facilitate
falda (*f*) skirt
familia (*f*) family
familiar family (*adj.*)
farmacia (*f*) chemist's
fecha (*f*) date
feliz happy
feria (*f*) trade fair
ferrocarriles (*m/pl*) railways
fibra (*f*) fibre
filial (*f*) branch
final: al final at the end
financiero financial
fines: a fines de at the end of
firma (*f*) signature, company, firm
firmar to sign
fondo: al fondo at the end, at the back
forma: en forma in good shape
fotografía (*f*) photograph
francés French
frecuencia (*f*) frequency
frecuentemente frequently
frente: de frente straight on
frente a opposite, facing
frito fried
frontera (*f*) border
fuera out
fuerte strong
fuertemente strongly
fundado founded
fundamentalmente basically

G
gallego Galician
ganadería (*f*) cattle raising
ganar to earn
garantía (*f*) guarantee
gas: con gas fizzy
gasolinera (*f*) service station
gastar to spend
generalmente generally, usually
gente (*f*) people
gerente (*m/f*) manager
Ginebra Geneva
gobierno (*m*) government
gracias thank you
grado (*m*) degree
graduado graduate
gran large, great
grande big, large

grandes almacenes (*m/pl*) department store
gratuito free
guapo pretty, good looking
guardería infantil (*f*) day nursery
gustar to please

H
haber to have, be
habitación (*f*) room
habitante (*m*) inhabitant
hablar to speak
hacer to do, make
hacer calor to be warm/hot
hacer falta to be necessary
hacer frío to be cold
hacia towards
haga el favor de please, will you please
hasta until, as far as, up to, even
hay there is/are
hay: no hay de qué you are welcome
hay: ¿qué hay? how are you?
hermana (*f*) sister
hermano (*m*) brother
hermanos (*m/f*) brothers and sisters
hermoso beautiful
hija (*f*) daughter
hijo (*m*) child, son
Hispanoamérica Spanish America
hogar (*m*) home
hola hello
hombre (*m*) man
horario (*m*) timetable
horario de oficina (*m*) opening hours
hoy today
húmedo wet, humid

I
identificarse to identify oneself
iglesia (*f*) church
importación (*f*) import
importar to import, mind
impreso (*m*) form
inaugurar to inaugurate
inclinarse por to prefer, go for, favour
incluido included
incluir to include
incómodo uncomfortable
inconveniente (*m*) trouble
incrementar to increase
indicar to indicate
individual: habitación individual (*f*) single room
infantil (*m*) child, children
informar to inform
informe (*m*) report
ingeniero (*m*) engineer
inglés English
ingresar to deposit
ingresos (*m pl*) income
iniciación (*f*) beginning, start
iniciarse to start, initiate
inicio (*m*) beginning
inmediatamente immediately
inmediato: de inmediato immediately

inminente imminent
inmobiliaria (*f*) estate agent
instalar to install
instituto (*m*) secondary school
instrumental (*m*) machinery
intercambio (*m*) exchange
interés (*m*) interest
interesado (*m*) person concerned, interested party
interesante interesting
interior (*m*) inland, back
interno internal
invadir to invade
invierno (*m*) winter
ir to go
irlandés Irish
isla (*f*) island
izquierda (*f*) left

J
japonés Japanese
jardín (*m*) garden
jefe (*m*) manager, boss
jefe de personal (*m*) personnel manager
jerez (*m*) sherry
jornada de trabajo (*m*) working day
juegos recreativos (*m/pl*) recreational games
junto a next to

L
laboral (*adj*) labour, work
lado: al lado de next to
lamentar to regret
lástima pity, shame
lavar to wash
leche (*f*) milk
leer to read
legalizar to legalise
lejos far
lengua (*f*) language
levantarse to get up
ley (*f*) law
libertad (*f*) freedom
libra (*f*) pound sterling
libre free
libre comercio (*m*) free trade
limitar to limit
línea (*f*) line
Lisboa Lisbon
lista (*f*) list
listo/a ready
litera (*f*) bunk, berth
Ltda. (limitada) limited
luego then, later
lugar (*m*) place

LL
llamada (*f*) call
llamada telefónica (*f*) telephone call
llamado so-called
llamar to call
llamar por teléfono to telephone
llamarse to be called
llave (*f*) key

llegada (*f*) arrival
llegar to arrive
llevar to take, carry
llover to rain

M
madre (*f*) mother
madrileño inhabitant of Madrid
mal bad
maleta (*f*) suitcase
malo bad
manejar to handle
mantener to keep up, maintain
manufacturado manufactured
mañana (*f*) morning
mañana tomorrow
mar (*m*) sea
marca (*f*) make, brand
marcharse to leave
marido (*m*) husband
marrón brown
más more, else
más de more than
más o menos more or less
materias primas (*f/pl*) raw materials
mayor older, oldest, greater
mayor parte de: la mayor parte de most of
mayoría (*f*) the majority
mecánico (*m*) mechanic
media (*f*) average
mediados: a mediados de in the middle of
medio (*m*) means
mediodía (*m*) midday
mejor better, best
menor younger, youngest, minor, less
menudo: a menudo often
mercado (*m*) market
mercancía (*f*) merchandise, goods
merluza (*f*) hake
mes (*m*) month
mesa (*f*) table
mestizo (*m*) person of mixed race
metálico (*adj*) metal
metro (*m*) metre, subway, underground railway
mexicano Mexican
microcomputador (*m*) microcomputer
mientras que whilst
miles thousands
ministro (*m*) minister
¡mira! look!
mirar to watch, look
mismo same, very
mixta mixed
modalidades (*f/pl*) types, kinds
moderado moderate
momento: de momento at the moment
moneda (*f*) currency
montaña (*f*) mountain
mortal fatal
motivo (*m*) reason
motor (*m*) engine
muchísimo very much

mucho much, a lot
mucho gusto pleased to meet you
muebles (*m/pl*) furniture
mujer (*f*) wife, woman
mundo (*m*) world
museo (*m*) museum
muy very

N
nacer to be born
nacimiento (*m*) birth
nacionalidad (*f*) nationality
nada nothing
nada: de nada it's a pleasure, don't mention it
nadar to swim
naturalmente naturally
necesario necessary
necesitar to need
negocio (*m*) business
negro black
ninguno/a none, not any
niños (*m/pl*) children
nivel (*m*) level
noche (*f*) night
nombre (*m*) name
noreste (*m*) north-east
normalmente normally
norte (*m*) north
notar notice
nuestro/a our
Nueva York New York
nuevo new
número (*m*) number
numeroso numerous

O
o or
objetivo (*m*) objective
obra (*f*) work
obtener to get, obtain
occidental (*adj*) west
ocupar to occupy
ocurrir to happen, occur
oeste (*m*) west
oferta (*f*) offer, special offer
oficina (*f*) office
ofrecer to offer
olvidarse de to forget
orden (*m*) order
ordenador (*m*) computer
otoño (*m*) autumn
otro/a other, another
otro: al otro lado across, on the other side

P
padre (*m*) father
pagar to pay
pago (*m*) payment
país (*m*) country
País Vasco Basque Country
par (*m*) pair
para for, in order to
parada (*f*) stop

Vocabulary list

parecer to seem, appear
parque (m) park
parque infantil (m) playground
particulares (m/pl) individuals
partir: a partir de starting on
pasado last
pasaje (m) ticket
pasajero (m) passenger
pasaporte (m) passport
pasar to go across, go through, come in
pasar por to go through, go past
pasar un recado to pass on a message
paseo (m) walk
pasillo (m) corridor
patata (f) potato
pedido (m) order
pedir to ask for
Península Ibérica (f) Iberian Peninsula
pensado planned
pensar to think, be thinking of
pequeño small
perdone excuse me
perfectamente fine
periódico (m) newspaper
permitir to allow
pero but
personal (m) personnel, staff
personalmente personally
perspectiva (f) prospect
pescado (m) fish
peso (m) Latin American currency
pie: al pie at the foot
piel (f) leather
piscina (f) swimming pool
piso (m) flat, floor
pista de tenis (f) tennis court
plancha: a la plancha grilled
planchar to iron
plano (m) map
planta baja (f) ground floor
plantilla (f) staff, payroll
playa (f) beach
plaza (f) seat, square
plenamente totally
población (f) population
poco (m) little, a little
poder to be able, can
polígono industrial (m) industrial complex
política (f) policy, politics
pollo (m) chicken
ponerse en contacto to get in touch
por for, by, per, through
por aquí this way
por dónde which way
por ejemplo for example
por favor please
por hora per hour
por la mañana in the morning
por la noche in the evening, at night
por la tarde in the afternoon
por lo general usually, generally
por qué why

porque because
poseer to have, possess
postal (f) postcard
precio (m) price
preferir to prefer
preguntar to ask
prensa (f) press
preparación (f) preparation, training
presentar to introduce, present
pretender to intend, try to
previsto arranged
primavera (f) spring
primero first
principalmente mainly
privado private
proceso (m) process
producir to produce
profesión (f) profession, occupation
profesor (m) teacher
promover to promote
promulgar to promulgate
pronto soon
proponer to propose
propósito (m) purpose
propósito: a propósito by the way
pros y contras (m/pl) pros and cons
protestar to protest
provenir de to come from
próximo next
proyecto (m) project
pueblo (m) town
puerta (f) gate
puerto (m) port
puertorriqueño Puerto Rican
pues well
puesto (m) post, position
punto (m) place, point
punto de vista (m) point of view

Q
qué what, which
quedarse to stay
querer to want
queso (m) cheese
químico chemical
quinto fifth
quisiera I would like
quizá perhaps

R
rápido fast
razón (f) reason
razón social (f) name (of a company)
realizar to carry out
recado (m) message
recibir to meet, receive
reconocer to recognise
reconversión (f) (industrial) restructuring
recto straight
reducido reduced
reducir to reduce
referente regarding
registrar to register, record

regresar to return
regreso (*m*) return
reinserción (*f*) reintegration
rellenar to fill in
Renfe (*f*) Spanish railways
representante (*m/f*) representative
requerimiento (*m*) requirement
reserva (*f*) reservation
reservado booked
reservar to book, reserve
resolver to solve
responder to answer
resultado de as a result of
reunión (*f*) meeting
rico rich
riqueza (*f*) wealth
rogar to request
ropa interior (*f*) underwear
ruega: se ruega are requested

S
saber to know
sala (*f*) sitting room
sala de baile (*f*) dance hall
salida (*f*) departure, exit
salir to leave
salón (*m*) lounge
saludar to greet, say hello
satisfacer to satisfy
secretaria (*f*) secretary
Secretaría de Turismo (*f*) Spanish tourist authority
seguida: en seguida right away
seguir to carry on, continue, follow
segundo (*m*) second course
segundo second
seguros (*m/pl*) insurance
sello (*m*) stamp
semana laboral (*f*) working week
semana (*f*) week
semanal weekly
señor (*m*) gentleman, Mr
señora (*f*) lady, Mrs
señorita (*f*) young lady, Miss
sentarse to sit down
sentir to be sorry
ser to be
serie (*f*) series
serio serious
servicio (*m*) service
sexto sixth
sí yes
si if
siempre always
siguiente following
simpático nice, pleasant
sin without
sin embargo however
sindical (*adj*) trade union
sistema (*m*) system
sitio (*m*) place
situado situated
sin (sin número) without number

sobre about
sol (*m*) sun
sol: hace sol it is sunny
solamente only
solicitar to request, apply for
solicitud (*f*) application form
solo alone
sólo only
soltero single
sopa (*f*) soup
su your, his, her, their, its
subvención (*f*) subsidy
sudamericano South American
superior higher
supermercado (*m*) supermarket
suponer to entail, involve, amount to
sur (*m*) south
Suramérica (*f*) South America
suroeste (*m*) south-west
sustancialmente substantially

T
tal: ¿qué tal? how are you?
tales como such as
tanto… como as well as
tardar to take (time)
tarde (*f*) afternoon, evening
tarde: más tarde later
tarjeta (*f*) card
tarjeta de crédito (*f*) credit card
teatro (*m*) theatre
técnico (*m*) technician
tecnología (*f*) technology
telefonear to telephone
telefónica: compañía telefónica (*f*) telephone company
teléfono (*m*) telephone
tener to have, be
tener que to have to
tercero third
terminar to finish
terraza (*f*) terrace, balcony
tiempo (*m*) time, weather
tienda (*f*) shop
tinto red (wine)
tipo (*m*) type, kind
todavía still
todo/a all, whole
todo recto straight on
todos/as all, every
todos los días every day
tomar to take, have, catch
totalidad (*f*) totality, whole
trabajador (*m*) worker
trabajar to work
trabajo (*m*) work, job
traer to bring
traje (*m*) suit
tranquilidad (*f*) peace and quiet
tranquilo quiet
transbordo: hacer transbordo to change (trains etc.)
transferir to transfer
tras after

tratarse de to be about, concern
través: a través de through
turismo (*m*) tourism
turista (*m*) tourist
turístico (*adj*) tourist(ic)

U
último last
único/a only
unidad (*f*) unit
universidad (*f*) university
unos/as some
urgentemente urgently
usado used, second-hand
uso (*m*) use
utilizar(se) to use

V
vacaciones (*f/pl*) holiday(s)
valer to cost, be valid
variar to vary
varios/a several
vascuence Basque (language)
veces: a veces sometimes
vehículo (*m*) vehicle
velocidad (*f*) speed
vender to sell
venezolano Venezuelan
venir to come
ventaja (*f*) advantage
ventana (*f*) window
ver to see, watch
verano (*m*) summer

verdad right, true
verde green
verdura (*f*) vegetable
vez: cada vez más more and more
vez: de vez en cuando from time to time
vez: otra vez again
vez: primera vez first time
vía (*f*) rail, railway
viajar to travel
viaje (*m*) trip, journey
vida (*f*) life
viejo old
vino (*m*) wine
visado (*m*) visa
visita: estar de visita to be visiting
visitar to visit
vista al mar (*f*) sea view
vivir to live
volver to return
volver a llamar to ring back
vuelo (*m*) flight
vuelta (*f*) return, change (money)

Y
y and
ya que as
ya sea... o either … or

Z
zapato (*m*) shoe
zarzuela (*f*) Spanish operetta
zona (*f*) area, region

Unit key

UNIT 1

Dialogue 1: **At a business conference**

Sr. García	Hello, good afternoon.
Sra. Rodríguez	Good afternoon.
Sr. García	Are you Mrs Rodríguez?
Sra. Rodríguez	Yes, I'm Ángela Rodríguez.
Sr. García	I'm Carlos García, from Madrid.
Sra. Rodríguez	You're the manager of Comercial Hispana, aren't you?
Sr. García	Yes, I'm the manager.
Sra. Rodríguez	How do you do.
Sr. García	Pleased to meet you.

Dialogue 2: **At the same business conference**

Receptionist	Good afternoon. What's your name?
Sr. Miranda	My name is José Miranda.
Receptionist	You are Spanish, aren't you?
Sr. Miranda	Yes, I'm Spanish.
Receptionist	Are you from Madrid?
Sr. Miranda	No, I'm from Salamanca.
Receptionist	And what is your occupation, please?
Sr. Miranda	I am the manager of the Banco Nacional in Salamanca.

Exercise 1

a) ¿Es usted el señor Salinas?/Soy Julio Salinas/Yo soy (*your name*) de (*where you are from*).
b) ¿Es usted la señorita Contreras?/Soy Margarita Contreras/Yo soy (*your name*) de (*where you are from*).

Exercise 2

a) Usted es el jefe de personal de Vital S.A., ¿verdad?/Sí, soy el jefe de personal.
b) Usted es la directora de Aerohispania, ¿verdad?/Sí, soy la directora.

Exercise 3

1 María Teresa. 2 Morales Ugarte. 3 She's Spanish. 4 She's from Burgos, in Spain. 5 She's an economist.

Exercise 4

Me llamo (*your name*), soy (*your nationality*), soy de (*where you are from*). Soy (*your occupation and place where you work or study*).

Exercise 5

¿Cómo se llama usted?/¿Es usted española?/¿Es usted de Buenos Aires?/¿Cuál es su profesión?

Exercise 6

1 Sí, es mexicano. 2 No, es de Monterrey. 3 Es representante de una compañía de productos químicos. 4 Se llama México Química. 5 Se llama Roberto Milla.

Comprehension   **1** She's British. **2** She's the representative of a British transport company.
3 She works in Madrid. **4** The company is called Transeuropa.

Transcript
Funcionario ¿Su nombre por favor, señorita?/**Patricia** Me llamo Patricia
Martin./**Funcionario** ¿Y su nacionalidad?/**Patricia** Soy británica./**Funcionario**
¿Cuál es su actividad aquí en España?/**Patricia** Soy representante de una
compañía británica de transportes./**Funcionario** ¿En Madrid?/**Patricia** Sí, aquí
en Madrid./**Funcionario** ¿Cómo se llama la empresa?/**Patricia** Se llama
Transeuropa.

Exercise 7   **1** es **2** es **3** soy **4** es **5** es **6** es

Exercise 8   **1** No, él no es el gerente. **2** No, ella no es la secretaria. **3** No, el señor Miranda
no es ingeniero. **4** No, la señora Rodríguez no es profesora. **5** No, María no es
recepcionista. **6** No, no soy estudiante.

Exercise 9   **1** ¿Es Vd. de Barcelona? **2** ¿Es Vd. de Londres? **3** ¿Es Vd. de Sevilla? **4** ¿Es
Vd. de Nueva York? **5** ¿Es Vd. de Valencia? **6** ¿Es Vd. de Buenos Aires?

Consolidation   Buenas tardes/Yo soy (*your name*) de (*name of your company*)/Mucho gusto. ¿Es
usted española?/Yo soy (*your nationality*). ¿Es usted de Madrid?/Soy de (*where
you are from*).

UNIT 2

Dialogue 1:   **An interview**

Sr. Lira	Good morning.
Isabel	Good morning.
Sr. Lira	Are you Miss Pérez?
Isabel	Yes, I am.
Sr. Lira	I'm the personnel director. My name is Antonio Lira.
Isabel	How do you do.
Sr. Lira	Pleased to meet you. This way please. Sit down.
Isabel	Thank you.
Sr. Lira	Your name is Isabel, right?
Isabel	Yes, Isabel Pérez.
Sr. Lira	And what is your second surname?
Isabel	Guerra. My name is Isabel Pérez Guerra.
Sr. Lira	How old are you?
Isabel	I'm twenty-six years old.
Sr. Lira	Are you married or single?
Isabel	I'm single.
Sr. Lira	And what are you working as at present?
Isabel	I work as a personal assistant in an insurance company, Seguros La Mutual …

Dialogue 2:   **Another interview**

Sr. Lira	What is your name?
Francisca	My name is Francisca Rojas Solís.
Sr. Lira	How old are you?
Francisca	Thirty.
Sr. Lira	Are you married or single?
Francisca	I'm married.
Sr. Lira	Do you have any children?

Francisca	Yes, I've got two. The eldest is five and the youngest three.
Sr. Lira	What are you doing at the moment?
Francisca	I'm out of work …

Exercise 2

Say your surname/Estoy casado/a or soltero/a/Trabajo como (*your occupation*) or/and trabajo en (*place of work*)/Estudio (*subject*).

Exercise 3

Pedro tiene veinticuatro años y está soltero. Pedro trabaja como contable en una fábrica.
Dolores tiene veintiún años y está casada. Dolores trabaja como mecanógrafa en un banco.
Esteban tiene dieciocho años y está soltero. Esteban trabaja como programador en una industria.
Paloma tiene treinta años y está casada. Trabaja como empleada en una tienda.

Exercise 4

1 española 2 Madrid 3 gerente de Turismo Iberia 4 casada 5 tres hijos
6 José 7 treinta años 8 el Banco Nacional de España 9 Miguel, doce años.

Comprehension

1 Mexicano. 2 Es de Guadalajara. 3 Es gerente de una firma. 4 Está casado.

Transcript
Sr. García Buenas tardes. ¿Es Vd. el señor Ricardo Molina?/**Sr. Molina** Sí, soy yo./**Sr. García** Yo soy Carlos García, de Comercial Hispana./**Sr. Molina** Encantado de conocerle, señor García./**Sr. García** Mucho gusto. ¿Cómo está Vd.?/**Sr. Molina** Muy bien, gracias./**Sr. García** Vd. es mexicano, ¿verdad?/**Sr. Molina** Sí, soy mexicano./**Sr. García** ¿Y de qué parte de México es?/**Sr. Molina** Soy de Guadalajara, pero ahora estoy en la Ciudad de México. Soy gerente de una compañía de exportación de productos químicos./**Sr. García** ¡Qué interesante! ¿Está Vd. aquí de vacaciones?/**Sr. Molina** Sí, estoy de vacaciones con mi esposa y mis dos hijos./**Sr. García** ¿Y en qué hotel están?/**Sr. Molina** En el Hotel Alfonso XIII, en el Paseo de la Castellana./**Sr. García** Es un hotel excelente./**Sr. Molina** Sí, es muy bueno.

Exercise 5

1 ¿Cuántos años tiene Carlos? 2 ¿Cuántos años tiene Vd.? 3 ¿Cuántos hijos tiene ella? 4 ¿Cuál es su apellido? 5 ¿En qué trabaja Vd.? 6 ¿En qué trabaja Isabel?

Exercise 6

1 Trabajo en un banco. 2 Trabaja en Turismo Iberia. 3 Trabaja en una empresa de seguros. 4 Trabaja en el Banco Nacional de España. 5 Trabaja en Comercial Hispana.

Exercise 7

Me llamo/soy/de/tengo/estoy/Tengo/tiene/tiene/trabajo/una.

Consolidation

Model
Me llamo Carlos Díaz, soy español, de Valencia. Tengo veinticinco años y estoy casado. Tengo dos hijos. El mayor tiene tres años y se llama Agustín. La menor tiene un año y se llama Susana. Soy ingeniero y trabajo en una empresa constructora en Valencia (*or* Soy estudiante. Estudio administración de empresas en Londres).

UNIT 3

Exercise 5

(*Say your name*)/(*Spell your surname*)/(*Give your date of birth*)/(*Say where you were born*)/Vivo en (*name of city*)/(*Give your address*)/(*Give your telephone number*)
1 Nací el (*your date of birth*). 2 Nací en (*place of birth*).

Exercise 6

Hola, buenas tardes/Muy bien, gracias. ¿Y tú?/Éste/a es mi colega (*your colleague's name*).

Exercise 7

1 Salas Díaz. **2** 15 de abril de 1968. **3** Madrid. **4** Vive en la Calle de Cervantes, 16, 4°, 3ª **5** Es el 743 21 90. **6** Es economista.

Comprehension 2

Transcript

1 ¡Hola! ¿Qué hay? Me llamo María José Suarez, soy de Burgos, tengo veintitrés años, estoy casada y tengo una hija de dos años. Vivo en un pequeño piso en las afueras de Burgos, en la Calle General Mola, 98. Actualmente trabajo como secretaria bilingüe en una empresa de productos metálicos. Mi marido es mecánico y trabaja en una compañía de transportes.

2 ¡Hola! Yo me llamo Miguel López, soy madrileño, tengo veintiún años y estudio administración de empresas en la Universidad de Madrid. Estoy soltero y vivo con mi familia: mi padre, mi madre y mis dos hermanos, en un pequeño piso en el centro de Madrid. Mi padre es contable y trabaja en unos grandes almacenes. Mi madre es ama de casa. El menor de mis hermanos, Carlos, tiene dieciséis años y estudia en un instituto. José, que tiene diecinueve años, estudia en una academia de arte.

Exercise 8

1 ¿cuántos? **2** ¿dónde? **3** ¿cuál? **4** ¿cómo? **5** ¿qué? **6** ¿dónde?

Exercise 9

1 ¿Dónde vive Juan? **2** ¿Dónde vive Vd.? **3** ¿Dónde vives tú? **4** ¿Dónde vive Carmen? **5** ¿Dónde vive él? **6** ¿Dónde vive ella?

Exercise 10

1 Come en un café. **2** Como en un restaurante. **3** Come en una cafetería. **4** Como en casa. **5** Come en su piso. **6** Come en un café.

Consolidation

Yo soy Freda Smith. Soy inglesa, de Londres. Tengo 21 años, estoy soltera y trabajo como contable en una empresa. Mi familia vive en Canterbury. Mi padre, Terry, tiene 52 años, y es profesor. Mi madre, Margarita, tiene 50 y es secretaria. Tengo un hermano, Miguel, de 24 años, que estudia idiomas. Vivo en Londres, en Waldemar Avenue, con unas amigas. Mi teléfono es el 081–576 5676. Trabajo por la mañana y por la tarde. Al mediodía como con mis colegas en un pequeño restaurante cerca de la empresa. Por la noche ceno en casa con mis amigas.

UNIT 4

Exercise 1

Hotel Aguamarina
Bathroom and WC en suite, phone and terrace. Lifts, pools for adults and children; garden; bars; weekly dance; creche; social areas; recreation; TV, tennis and social facilities. 50 metres from the beach.

Hotel Esmeralda
In residential area. All rooms with en-suite bathroom, phone and terrace. Social areas, bar and restaurant; sun lounge, pool and tennis. Special offers on rooms for four people.

Hotel Cala Galdana
Rooms with shower and phone, some with terrace and sea view. Pool, sun lounge, social areas, recreation; lift. Own shops, sauna, supermarket, restaurant and extensive gardens. 100 metres from beach.

Hotel Sur Menorca

Rooms with shower, phone and terrace. Social areas, TV, bar, children's and adults' pools. Playground, boutique, tennis and restaurant. Quiet area 19 km from Mahón.

Exercise 2

1 3 bedrooms. **2** Sitting-room, dining-room, kitchen, two bathrooms. **3** Yes, there is. **4** A car park and gardens. **5** 100 metres. **6** There is excellent transport to the city. **7** There is a shopping centre 50 metres away.

Exercise 3

1 Santiago. **2** Agradable, de tipo mediterráneo, con temperaturas moderadas. **3** En verano hace sol, con una temperatura media de aproximadamente 28 grados en enero. **4** 10 grados. **5** Hace buen tiempo. **6** No llueve con mucha frecuencia.

Exercise 4

Santiago, the capital of Chile, is situated in the south-west of South America, at the foot of the Andes, 120 kilometres from the Pacific Ocean and in the centre of the country.

Santiago has an agreeable Mediterranean-style climate, with moderate temperatures. It is sunny in summer, with an average temperature of about 28 degrees in January. In July the average temperature is 10 degrees. In winter it is cold in the morning and at night, but temperatures go up at midday. It also rains, but not very often. It is fine in autumn and spring.

Exercise 5

1 Dear Sir

I acknowledge receipt of your letter of the 4th inst requesting references on Miss Marta López.

I am pleased to inform you that Miss López has worked at this firm since 15 January 1990. Miss López is a competent employee, utterly reliable, presentable and with a pleasant manner. I am sure that Miss López is quite able to undertake the post she has applied for.

Yours faithfully

2 Muy señor mío:

Acuso recibo de su carta de fecha 5 de los corrientes en que solicita referencias sobre el señor/la señorita (*name*).

Me es muy grato informarle que el señor/la señorita (*name*) trabaja en nuestra empresa desde el (*date*). El señor/la señorita (*name*) es un/a empleado/a responsable y capaz y tiene una personalidad agradable y deseo de superación. No dudo que el señor/la señorita (*name*) tiene la capacidad para desempeñar el puesto que solicita.

Comprehension 1

1 The order in which the facilities are mentioned in the recording is: top row 4, 3, 1, 6; bottom row 2, 5, 8, 7.

2 **a** 24 km from the border. **b** 90 minutes from Barcelona. **c** Gerona is nearest – 45 km. **d** The nearest station is 4 km away. **e** Yes – regular bus service. **f** La Banca Catalana. **g** There is a restaurant, café, 200-space car park and a petrol station only 3 km away.

Transcript

El Polígono Industrial Figueras está situado a sólo 24 km de la frontera francesa y a 90 minutos del centro de Barcelona. El aeropuerto más cercano es el de Gerona, a una distancia de 45 km. Las comunicaciones por ferrocarril son excelentes. La estación más próxima es la de Gerona, que está a 4 km. Además, hay un servicio regular de autobuses entre el Polígono y Figueras.

En el Polígono Industrial Figueras hay un banco, la Banca Catalana, para todo tipo de operaciones bancarias. Otros servicios incluyen un buen restaurante y una gran cafetería, además de una zona de aparcamiento público con capacidad para más de doscientos vehículos y una gasolinera a sólo 3 km de distancia. En el Polígono Industrial Figueras hay extensas zonas verdes destinadas al público, que hacen mucho más atractivo el lugar.

Comprehension 2

Translation
Spain
Spain takes up the greater part of the Iberian Peninsula. The capital of Spain, Madrid, is an industrial and commercial city, and is the political and administrative centre of Spain. Spain has a population of 39 million. Madrid has about 4 million.

The languages of Spain
Spanish, or Castilian, is the official language of the Spanish state. In Catalonia, Valencia and the Balearics Catalan is also spoken, with some variations of dialect. Galician is spoken in Galicia as well as Castilian, and Basque (or Euskera) in the Basque Country. Catalan, Galician and Basque are also official languages in their respective autonomous communities.

1 39 millones **2** Aproximadamente 4 millones **3** el español o castellano **4** el catalán; el gallego; el vascuence o euskera.

Exercise 6

1 Mi amiga es guapa. **2** El hotel es bueno. **3** Las habitaciones son cómodas. **4** Cancún es bonito. **5** México es interesante. **6** Los mexicanos son agradables.

Exercise 7

1 No, en Finlandia hace frío. **2** No, en Brasil hace calor. **3** No, en Manchester hace mal tiempo. **4** No, en Málaga hace buen tiempo. **5** No, en la Costa del Sol hace calor. **6** No, en Escocia hace frío.

Exercise 8

hay/son/tienen/hay/son/tienen/tiene.

Consolidation

Es un hotel muy bueno y tengo una habitación con vista al mar. Es una habitación muy bonita y es bastante grande./Desafortunadamente no tiene piscina. Es un hotel pequeño, pero tiene un restaurante excelente y un bar muy agradable. La cerveza española es muy buena./Sí, hace mucho calor./Sí, por favor.

UNIT 5

Exercise 1

Hola. ¿Cómo estás?/Hay uno a la izquierda, al final de esta calle/Está a sólo tres minutos de aquí/Está al lado del banco, a mano derecha/La estación de metro está lejos de aquí, pero hay un autobús hacia el centro, el autobús número 5. La parada está en la esquina.

Exercise 2

Model
La compañía está en Northampton Square, entre St John Street y Goswell Road, junto a Correos y enfrente de la estación. Mi oficina es la número A2.50 y está en la planta baja.

Exercise 3

Model
Mi casa tiene tres pisos. En la planta baja está la cocina. Enfrente de la cocina hay un baño. En el primer piso está la sala, un dormitorio y mi despacho. En el tercer piso hay dos dormitorios, y al lado del dormitorio principal hay otro baño. Junto a la casa hay un garaje y detrás de la casa hay un jardín grande.

Exercise 4	1 Toledo está en el centro de España. Está a 70 km de Madrid. 2 Barcelona está en el noreste de España. Está a 620 km de Madrid. 3 Valencia está en el este de España. Está a 355 km de Barcelona. 4 La Coruña está en el noroeste de España. Está a 633 km de Bilbao.

Comprehension 1

Transcript

1 **Señor 1**   Perdone. ¿Hay algún banco por aquí?/**Empleada**   Sí, hay uno al final de la Calle de Nuestra Señora del Carmen, esquina de Jaime I./**Señor 1**   Gracias./**Empleada**   De nada.

2 **Señora**   ¿Dónde está Correos, por favor?/**Empleada**   Está en la Calle del Sol, entre la Avenida Argentina y la Calle Calvo Sotelo./**Señora**   ¿Está muy lejos?/**Empleada**   Está a unos diez minutos de aquí./**Señora**   Gracias. Adiós./**Empleada**   De nada. Adiós.

3 **Señor 2**   Buenos días. ¿Dónde está la Telefónica?/**Empleada**   La Telefónica está un poco lejos de aquí. Está al final de la Avenida Francia, enfrente de la Plaza España./**Señor 2**   ¿Hay algún autobús para la Plaza España?/**Empleada**   Sí, el número doce pasa por la Plaza España./**Señor 2**   ¿Dónde está la parada?/**Empleada**   Está a la izquierda, al otro lado de la calle./· **Señor 2**   Muchas gracias./**Empleada**   No hay de qué.

Comprehension 2

1 False (Está en el noreste.) 2 True 3 False (Tiene un clima templado.) 4 False (Hablan normalmente catalán) 5 False (Está en Figueras.) 6 False (Es catalán.) 7 True

Exercise 5	1 ¿Dónde está la farmacia? 2 ¿Dónde está la Calle Mayor? 3 ¿Dónde están los ascensores? 4 ¿Dónde está el señor García? 5 ¿Dónde está la oficina 325? 6 ¿Dónde están los teléfonos?

Exercise 6	The post office is next door to the bank. The Plaza de España is at the end of the street. The museum is between the bank and the church. My office is on the fourth floor. Sr. Sánchez's office is on the second floor, at the end of the corridor. The canteen is on the ground floor. The telephones are near the entrance.

Exercise 7	algún/uno/está/a/cerca/aquí/muchas/nada.

Consolidation

¿Perdone, hay algún restaurante por aquí?/No conozco la ciudad. ¿Dónde está la Avenida Miramar?/¿Está muy lejos?/Muchas gracias. Adiós.

UNIT 6

Exercise 1	1 ¿Qué línea tengo que coger/tomar para ir a Retiro? 2 ¿Qué línea tengo que coger/tomar para ir a Quevedo? 3 ¿Hace falta hacer transbordo? 4 ¿A qué hora sale el autobús? 5 ¿Dónde está la parada? 6 ¿Necesita un taxi?

Exercise 2	1 No, you don't. It goes direct. 2 It's called the Talgo. 3 Yes, you can. There are single and double beds. 4 Yes, there is a restaurant car and a self-service.

Exercise 4	1 Va a París. 2 A las 21.50. 3 De la Estación de Francia, en Barcelona. 4 A la estación de Austerlitz, en París. 5 A las 9.30. 6 11 horas 40 minutos.

Exercise 5	Dear Sirs We are writing to inform you of the journey to London of our representative, Mr Gustavo Lagos. Mr Lagos is travelling on Iberia Flight 521 next Monday, 25 May. He leaves Málaga at 4.30 and arrives at Heathrow at 6.30 local time. Yours faithfully.

Exercise 6

Body of the letter:
Estimado señor Pérez:
La presente tiene por objeto anunciarle el viaje a Málaga de nuestra representante, la señorita Patricia Davies. La señorita Davies viaja en el vuelo 675 de British Airways el próximo miércoles 17 de abril. Sale de Londres a las 9.30 y llega a Málaga a las 12.30, hora local.

Comprehension 1

1 **Sr. Valdés:** Madrid/el lunes 14 de mayo a las 9.00 de la mañana/martes o miércoles a la misma hora/el 3 de junio/primera
Sr. y Sra. Ramos: Nueva York/el sábado 2 de julio a las 11.30 de la mañana/Aeroméxico/el 7 de agosto/turista.

2 **a** Para el dos de julio. **b** El avión sale a las 11.30 de la mañana. **c** La fecha de regreso es el 7 de agosto. **d** Aeroméxico. **e** A las 19.30.

Transcript
Empleado ¡Hola! /**Empleada** ¡Hola! ¿Qué tal? /**Empleado** Mira, aquí hay un recado de un señor Cristóbal Valdés que quiere una reserva para Madrid, para el lunes 14 de mayo, en el vuelo de Iberia que sale a las 9.00 de la mañana. /**Empleada** ¿Y si no hay plazas para ese vuelo…? /**Empleado** Pues, en ese caso le reservamos una plaza para el martes o miércoles a la misma hora. Él tiene que estar en Madrid antes del 18 de mayo. /**Empleada** ¿Y la vuelta para cuándo es? /**Empleado** Para el 3 de junio. /**Empleada** ¿Es un pasaje solamente? /**Empleado** Sí, es uno. Y tiene que ser en primera clase. /**Empleada** De acuerdo. /**Empleado** También hay que confirmar una reserva de dos pasajeros, el señor Agustín Ramos y la señora Silvia Ramos, para Nueva York. La salida es el sábado 2 de julio a las 11.30 de la mañana, clase turista, en Aeroméxico. /**Empleada** Sábado 2 de julio, a las 11.30 de la mañana. /**Empleado** Eso es. /**Empleada** ¿Y la fecha de regreso está confirmada? /**Empleado** Sí, es para el 7 de agosto, a las 19.30, también en Aeroméxico. /**Empleada** Muy bien. ¿Algo más? /**Empleado** Eso es todo.

Comprehension 2

1 *Summary*
Travel can be difficult in Spain because of topography. Madrid is linked to major cities by a road system that covers the whole peninsula, but provincial connections can be poor, and there is no motorway network. A modernisation scheme is under way involving both roads and railways.

2 **Iberia**
Iberia is Spain's national and international airline. It has a major fleet of modern aircraft that fly to the main capitals of the world. There is an excellent service of flights between Spain and Latin America. Aviaco is another Spanish airline.
Air travel is very important in Spain given the shortcomings of travel overland. There is an airshuttle, for example, between Madrid and Barcelona, with a number of flights every day.

Exercise 7

1 Por aquí no hay ninguna. 2 Por aquí no pasa ninguno. 3 A las 10.00 no hay ninguno. 4 A las 4.00 no sale ninguno. 5 No, no tengo ninguna. 6 En ese avión no hay ninguna.

Exercise 8

1 No, el vuelo para Buenos Aires es ése. 2 No, la estación de Goya es ésa. 3 No, el autocar para Barcelona es ése. 4 No, la señora Martínez es ésa. 5 No, mis amigos son ésos. 6 No, mis hijas son ésas.

Exercise 9

es/va/sale/llega/tiene/viene.

Consolidation

¿Hay alguna estación de metro por aquí?/¿Qué línea tengo que tomar para ir a el Liceo?/¿Hace falta hacer transbordo?

UNIT 7

| Exercise 1 | Muy bien, gracias. ¿Y tú?/Te presento a Gloria Simpson. Es mi colega. |

| Exercise 2 | Estoy muy contento/a con él. Es un coche caro, pero es muy bueno. ¿Todavía tienes el Seat 127? |

| Exercise 3 | *Model*
Mi coche es un Renault 11, no muy nuevo. Es rojo, bastante económico y cómodo. |

| Exercise 4 | **1** A machine to work out numerical problems. **2** To resolve mathematical problems, e.g. addition and subtraction. **3** It is reasonably priced. **4** Mathematical functions and information storage. **5** Screen, keyboard, internal storage system and the computer itself. |

| Exercise 5 | Industrias Monterrey is made up of eleven companies that employ a total of 17 300 people. The main installations are located in the city of Monterrey which is 915 km from Mexico City. The three main companies produce cars, lorries, buses, railway wagons, and carriages for public transport (the Metro) … |

| Exercise 6 | Corpoven S.A. es una empresa venezolana que produce estructuras metálicas para la construcción. Corpoven S.A., que está en la Ciudad de Guayana, tiene una plantilla de 2.200 empleados y tiene filiales en Maracaibo y Caracas. |

Comprehension 1

The Banco de Crédito Mexicano has 340 offices, 22 000 employees and covers industry, agriculture and cattle ranching. They have overseas branches in New York, LA, London, Madrid and Tokyo. Frankfurt, Rome and Singapore planned, plus branches within Mexico.

Transcript

El Banco de Crédito Mexicano, fundado en el año 1954, es actualmente una de las instituciones financieras más importantes del país. Sus 340 oficinas emplean a 22 mil hombres y mujeres al servicio de la vida económica de México, tanto en la industria, agricultura y ganadería como en el comercio.

Para satisfacer los requerimientos de una población cada vez más extensa, el Banco de Crédito Mexicano ofrece rápidos y modernos servicios a sus clientes: pago de cheques por computadora, autoservicio de depósitos, ahorro electrónico y servicios en su coche.

Nuestra institución tiene oficinas en el extranjero: en Nueva York, Los Angeles, Londres, Madrid y Tokio. Entre nuestros proyectos de expansión está la creación de tres oficinas más en los dos próximos años: en Frankfurt, en Roma y en Singapur, además de la creación de nuevas sucursales en el interior de la República.

Uno de los objetivos principales del Banco de Crédito Mexicano es contribuir al desarrollo de la nación mexicana a través de la concesión de créditos a particulares, empresas y otras entidades responsables que soliciten nuestros servicios.

Comprehension 2

1 False (Tiene un clima húmedo.) **2** False (Es inferior.) **3** False (Madrid y Barcelona son las más grandes.) **4** True **5** True **6** False (Hay la pesca, la minería y la industria del acero.)

| Exercise 7 | *Model*
A Hola, ¿cómo estás?/**B** Bien gracias, ¿y tú?/**A** Muy bien./**B** Te presento a mi mujer/marido./**A** Mucho gusto./**C** Encantada/o./**A** ¿Cómo están sus hijos?/**C** Muy bien, gracias. |

Exercise 8	*Body of the letter* Muy señor mío: Me llamo (name) y soy el/la gerente de (company) en (city and country). Nuestra empresa se dedica a la producción/fabricación de artículos deportivos...

Exercise 9	**1** It is in the south of the Iberian Peninsula. **2** Many of its inhabitants work in agriculture and industry. **3** It produces wine and olive oil. **4** It is at the foot of the Pyrenees. **5** Bilbao is the fourth largest city in Spain; it is an industrial city and a very important commercial port. **6** Fishing, mining and steel.

Consolidation	Trabajo en una empresa en Leeds./Está en el norte de Inglaterra./Fabricamos artículos electrodomésticos. ¿En qué trabaja Vd.? (*or* ¿A qué se dedica Vd.?)./No conozco Barcelona. Sólo conozco Madrid.

UNIT 8

Exercise 1	Buenas tardes. ¿Tiene Vd. una habitación?/Una habitación individual./Para dos noches solamente./Está bien. ¿Cuánto cuesta?/¿Está incluido el desayuno?/Aquí está.

Exercise 2	*Body of the letter:* Muy señores míos: Les ruego reservarme una habitación individual para una semana a partir del 15 de septiembre próximo.

Exercise 3	Buenas noches./Sí, por favor./Sí, para mí solo./Gracias. La carta, por favor./Quiero sopa de pescado, y de segundo quiero pollo./Prefiero pollo asado, y quiero una ensalada mixta también./Quiero una botella de vino de la casa./Tinto.

Comprehension 1	**1** En un hotel. **2** En una agencia de viajes. **3** En un café. **4** En un aeropuerto. **5** En un banco.

Transcript

1 **Recepcionista** ¿Prefiere Vd. una habitación exterior o interior?/**Viajero** Prefiero una exterior, con vista al mar si es posible./**Recepcionista** Perfectamente. La habitación 214 está libre.

2 **Viajero** Buenos días. ¿Cómo se puede ir desde aquí a San Sebastián?/ **Empleado** Puede viajar en tren o en autocar./**Viajero** Prefiero el tren. Es más cómodo. ¿Puedo hacer la reserva en esta agencia?/**Empleado** No, tiene que ir a la estación que está enfrente./**Viajero** Gracias.

3 **Camarero** ¿Qué van a tomar?/**Señorita** Dos bocadillos de queso./ **Camarero** ¿Y para beber?/**Señorita** Un agua mineral con gas y un café con leche.

4 **Anuncio** Atención por favor. Iberia anuncia la salida de su vuelo 573 con destino a Caracas. Se ruega a los señores pasajeros embarcar por la puerta de salida número 12.

5 **Empleada** ¿Qué desea?/**Cliente** Quisiera cambiar 20 libras a pesetas. ¿A cómo está el cambio?/**Empleada** ¿Tiene billetes o cheques?/**Cliente** Tengo billetes./**Empleada** El cambio está a 185.

Comprehension 2	**1 a)** False (Es aproximadamente el 44%.) **b)** False (Es la alimentación.) **c)** False (Gastan más.) **d)** True. **2 a)** Consumption at work increases accidents. **b)** 15% of fatal accidents are due to alcohol. **c)** Absenteeism and lateness go up; the ability to work and productivity go down; more illness and longer recovery times.

Exercise 4	**Recepcionista** Buenos días./**Vd.** Buenos días. Quiero el desayuno en la habitación, por favor./**Recepcionista** ¿Cuál es el número de su habitación?/**Vd.** Estoy en la habitación número (000)./**Recepcionista** ¿Prefiere té o café?/**Vd.** Prefiero (té/café)./**Recepcionista** Muy bien, un momento, por favor.

Exercise 5	*Body of the letter* ... Una habitación doble con baño y desayuno incluido, en el Hotel Regent cuesta/vale cincuenta libras por persona. El hotel es muy bueno y está a unos diez minutos de la empresa. También está cerca de la calle principal, con todas las tiendas y algunos buenos restaurantes. La dirección del hotel es 57 Regent's Road, Londres SW1, y el teléfono es el 0171 576 3210...

Exercise 6	**1** Hotels are not very expensive. **2** A single room with bathroom costs about forty dollars. Breakfast is normally paid separately and it costs five or six dollars. **3** The Hotel Pacífico is an excellent hotel and it is about fifty metres from the beach. It has a good restaurant and, besides, it has a swimming pool.

Consolidation	Buenas noches. Tenemos (*or* Tengo) una habitación reservada./A nombre de (*name*), de (*town*)./Quiero una habitación doble. Es para mí y mi esposa./Prefiero una habitación con vista al mar, pero si no hay otra... Pues, está bien./Aquí está./Gracias. ¿Dónde está el ascensor?

UNIT 9

Exercise 1	¿Se puede cambiar dinero aquí?/Tengo (e.g. libras, dólares)./Quisiera cambiar (*amount*).

Exercise 2	Por favor, ¿cuánto cuesta enviar una carta a Inglaterra?/¿Y cuánto cuesta enviar una postal?/Sí, a Europa./Deme tres estampillas de 250 pesos y cinco de 200.

Exercise 3	¿Pueden plancharme esta ropa?/Un traje, una camisa y una corbata./La quiero para las doce.

Exercise 4	Signs from left to right correspond to sentences **5**, **6**, **4**, **2**, **1**, **3**.

Exercise 5	**1** 15%. **2** Up to six people. **3** Yes, it is. **4** At any time. **5** Yes, there is. **6** Yes, it can.

Exercise 6	Dear Mrs Miles We regret to inform you that we are unable to make the reservation for 18 July as requested, as our hotel is full for that date. If you wish, we can reserve you a similar room from 5 August. I would ask you to confirm whether this second date is satisfactory. In the hope of an early reply we remain Yours faithfully

Comprehension 1	**1** Julia Arellano phoned from Madrid. Call her at the Intercontinental Hotel between 9 and 10. She's in room 510. **2** Alfredo Ahumada called from Industrias Monterrey, Mexico. He cannot see you tomorrow at 2. Has to fly back home for personal reasons. **3** Juan Guzmán called from Madrid. Flight to London confirmed. Leaves next Wed. 25th, flight IB601. Arr, LHR 11.00. At the Savoy from 2 on if you want to call.

Transcript

1   Soy Julia Arellano, de Valladolid. Quiero hablar urgentemente con el señor Smith. Por favor dígale que puede llamarme al Hotel Intercontinental, mañana entre las 9.00 y las 10.00. Estoy en la habitación 510. Gracias.
2   Buenas tardes. Soy Alfredo Ahumada, de Industrias Monterrey, en México. Haga el favor de decirle al gerente que no puedo verle mañana a las 2.00. Por motivos personales tengo que volver inmediatamente a mi país.
3   Le llamo de parte del señor Juan Guzmán, de Madrid, para confirmarle su fecha de viaje a Londres. Sale el próximo miércoles 25 en el vuelo 701 de Iberia, que llega al aeropuerto de Heathrow a las 11.00 de la mañana. Pueden llamarle al Hotel Savoy a partir de las 2.00 de la tarde.

Comprehension 2   1 The area covered by the old Spanish colonies. 2 South of the USA. 3 It is one of the largest and fastest-growing cities of the world. 4 Brazil. 5 Mainly Cuban, Mexican and Puerto Rican. 6 Florida, Texas and California.

Exercise 7

Model
Buenos días/buenas tardes, soy (name), de (company). Siento informarle que no puedo hacer la reserva que usted solicita para el lunes 4 de mayo, debido a que no hay plazas para ese día. Si usted lo desea, puedo reservar una plaza para el jueves 7 a las 11.00 de la mañana con British Airways. Puede llamarme al número 531 9027, extensión 503, esta tarde para confirmar. Gracias.

Exercise 8

Pedro:
Por favor, ¿puedes comprarme unas estampillas? Quiero enviar cinco postales y dos cartas a (Inglaterra). Estoy libre a las 5.00, así que podemos salir juntos. Quiero comprar unos regalos para mi mujer/marido y mis hijos. Quizá tú puedes ayudarme.

Exercise 9

1 The hotel cannot be made responsible for valuables left in the room. 2 You can use the hotel car park, which is free. 3 The hotel has a fax service for clients who may need it. 4 The conference room has room for 200 people. Clients who wish to use this service can ask for information from the hotel management.

Consolidation   1 Buenos días. ¿Se puede aparcar aquí?/¿Dónde puedo aparcar?
2 Quisiera ver el cinturón que está en el escaparate./El negro. ¿Es de piel?/Es bonito, pero es un poco pequeño. ¿Tiene uno más grande?/¿Cuánto cuesta?/Sí, deme uno.

UNIT 10

Exercise 1

Trabajo en…/No, no me gusta, *or* Sí, me gusta./Empiezo a las (*time*) y termino a las (*time*)./Como en…/Me gusta mucho Tenerife. A veces voy allí de vacaciones, pero este año voy a Argentina.

Exercise 2

Model
Trabajo en una empresa en Londres. Normalmente me levanto a las 7.30 de la mañana, desayuno y cojo el tren para ir a la oficina. Por la mañana trabajo de 8.00 a 1.00 y por la tarde de 2.00 a 5.00. Al mediodía como solo en el comedor. A las 6.30 vuelvo a casa. Generalmente leo revistas. En casa cenamos a las 7.00 de la tarde.

Exercise 3

1 At 9.30. 2 First, she sees if there is any message for the manager on the answerphone. 3 She opens the mail, classifies it and then she answers the most urgent letters. 4 She arranges appointments for them, she receives the clients and offers them coffee when they have to wait. 5 Sometimes she makes local or

international calls for the company, she books flights and hotels for the staff or foreign visitors. **6** She types the letters and reports which her boss dictates to her. She also takes minutes at meetings.

Normalmente *la secretaria llega* a la oficina a las nueve y media. Lo primero que *hace* es ver si hay algún recado para el gerente en el teléfono, luego *abre* la correspondencia, la *clasifica* y *responde* a las cartas más urgentes. También *atiende* las llamadas telefónicas para la gerencia, *arregla* citas para los clientes de la empresa, recibe a los clientes y les *ofrece* café cuando tienen que esperar. A veces *hace* llamadas locales o internacionales a nombre de la firma, *hace* reservas de vuelos y hoteles para el personal o visitantes extranjeros. Diariamente *escribe* a máquina las cartas e informes que *le* dicta *su* jefe. También *asiste* a reuniones de la junta directiva y *levanta* actas de las reuniones.

Exercise 4	**1** Se llama Enrique Ramírez Peña. **2** Tiene… años. **3** Está casado. **4** Vive en la Calle Guipúzcoa 362, segundo, izquierda, en Bilbao. **5** Trabaja como técnico electricista. **6** Es responsable de las relaciones con las compañías electrónicas, prepara ofertas, asesora en la preparación de contratos, dirige y controla obras. **7** Gana dos millones de pesetas anuales. **8** Trabaja de lunes a viernes, de 8.00 a 4.00.

Comprehension 1

1 a) 9–1, 3–7 Monday–Friday. **b)** No, in summer 8–3. **c)** Five. **d)** Four weeks minimum. **e)** A subsidised restaurant; company products at reduced prices and a sports centre. **f)** A holiday centre on the Costa Blanca.

2 They work 9–1, 3–7 Monday–Friday. (Summer 8–3.) Four weeks minimum holiday. Employees are offered special rates for company products. They also get family use of sports centres. Holiday facility planned too for the Costa Blanca.

Transcript

Entrevistador ¿Cuál es el horario de trabajo en su empresa?/**Director** Nuestra jornada de trabajo empieza a las 9.00 de la mañana y continúa sin interrupción hasta la 1.00, que es la hora de la comida. Los empleados que viven cerca de la empresa vuelven a sus casas a comer, pero también tenemos aquí una cafetería para aquéllos que no desean regresar a sus casas, ya sea porque viven muy lejos o por algún otro motivo. En la cafetería pueden comer a precios más reducidos que en un restaurante, ya que la empresa da una subvención anual a este tipo de servicio. Por la tarde se trabaja desde las 3.00 hasta las 7.00. Ahora, durante el verano tenemos una jornada intensiva, es decir, comenzamos a las 8.00 de la mañana y terminamos a las 3.00 de la tarde./ **Entrevistador** ¿Cuántos días a la semana se trabaja?/**Director** La semana laboral es de cinco días, de lunes a viernes./**Entrevistador** ¿Cuántas semanas de vacaciones tienen los empleados?/ **Director** Bueno, eso depende del tiempo de servicio en la empresa, pero hay un mínimo de cuatro semanas./**Entrevistador** ¿Qué otros beneficios ofrece la empresa?/**Director** Los empleados pueden adquirir nuestros productos a precios reducidos. Además, tenemos un centro de deportes para el uso del personal y de sus familias y entre nuestros planes está la creación de un centro de vacaciones en la Costa Blanca.

Comprehension 2

1 Latin American countries are part of the Third World, and although there are variations between individual countries GNP is well below that of the USA and the industrialised countries of Europe. Most countries are monoproducers of minerals or agricultural produce which hinders development. Fluctuations on world markets make things worse. Manufactured goods are imported in large numbers, mainly from the USA and Europe, besides consumer items and foodstuffs.

2 a) False (El PIB es inferior al de EE.UU o Europa.) **b)** False (México $2.588, Bolivia $724) **c)** True **d)** False (Exportan productos agrícolas tropicales.) **e)** True **f)** True

Exercise 5

Model
A ¿Le/te gusta su/tu trabajo?/**B** Sí, me gusta. El horario no está nada mal. Empiezo a las 9.30 y termino a las 5.00 y es un trabajo agradable y fácil. *or* No me gusta. El horario no es muy bueno. Empiezo a las 8.00 y termino a las 6.00 y es un trabajo difícil.

Exercise 6

1 They need a new production manager. **2** They want someone with experience in an English-speaking country who can speak Spanish. **3** It is an interesting job and the salary is excellent. **4** The atmosphere at work is very good. **5** It is relatively easy to find a place to live. **6** Finding a good school will not be a problem.

Exercise 7

me levanto/me baño/desayuno/salgo/llego/empiezo/termino/como/me voy/ veo/leo/nos acostamos.

Consolidation

Possible answers:
1 Trabajo en…/Estudio en… **2** Sí, me gusta, *or* No, no me gusta.
3 Normalmente me levanto a las (*time*). **4** Voy en coche/autobús/el metro/ andando. **5** Salgo a las (*time*). **6** Empiezo a las (*time*). **7** Termino a las (*time*).
8 Normalmente como en un restaurante/una cafetería/un bar. **9** Vuelvo a casa a las (*time*) **10** Por la noche leo/veo la televisión/estudio/escribo cartas/ escucho música. **11** Sí, me gusta, *or* No, no me gusta. **12** Me acuesto a las (*time*).

UNIT 11

Exercise 1

Quisiera (*or* Me gustaría) abrir una cuenta en España./Quiero tener una cuenta corriente. ¿Qué te parece la idea?/¿Qué debo hacer para abrir una cuenta corriente?/No puedo, estoy esperando una llamada de Inglaterra. Pero estoy libre a las 12.00. Podemos ir al banco y después podemos comer (*or* almorzar) juntos. ¿Qué te parece?

Exercise 3

(Say your name, buenos días)./El señor Muñoz no está en la oficina en este momento. ¿Desea dejar algún recado?/No estoy seguro(a). Creo que regresa (*or* vuelve) dentro de una hora.

Exercise 4

Anyone travelling as a tourist may bring a car into Venezuela without paying duty. To do so a certificate to identify the vehicle may be obtained from the Venezuelan Consulate. The serial number of the vehicle and engine must be included, besides the registration number and make. If the tourist's stay is for more than a week then this certificate should be included in the Tourist Card issued by the Consulate. On arrival in Venezuela the driver of the vehicle must present this document in the office of the nearest Department of Tourism.

Comprehension 1

1 Transcript
Empleado Buenos días. ¿Qué desea?/**Señorita** Buenos días. Tengo que viajar a Venezuela por razones de negocios y quiero saber qué tengo que hacer para obtener el visado./**Empleado** ¿Por cuánto tiempo va?/**Señorita** Pienso estar allí una semana solamente./**Empleado** Bueno, en ese caso tiene que completar esta solicitud y traer tres fotografías. Además, necesitamos una carta de su empresa indicando los motivos del viaje. ¿Cuándo sale Vd.?/ **Señorita** Dentro de quince días./**Empleado** Sí, todavía tiene tiempo./ **Señorita** ¿El visado me lo dan el mismo día?/**Empleado** Sí, se lo podemos dar el mismo día si Vd. quiere./**Señorita** ¿Puedo enviar a mi secretaria?/ **Empleado** No, tiene que venir Vd. personalmente./**Señorita** De acuerdo. ¿Y cuál es el horario de oficina?/**Empleado** Abrimos a las 10.00 y cerramos a las 2.00 de la tarde.

2 **a)** He is from Veracruz, Mexico. **b)** 1980. **c)** He thinks London is very pretty; cosmopolitan, with a rich cultural life. **d)** He likes the parks, monuments and theatres. **e)** He thinks London is expensive, especially hotels, food and transport.

Transcript
Entrevistadora   Buenas tardes, señor. Vd. está de visita aquí en Londres, ¿verdad?/**Turista**   Sí, estoy aquí de vacaciones./**Entrevistadora**   ¿De dónde es Vd., señor?/**Turista**   Soy mexicano, de Veracruz./**Entrevistadora**   ¿Es ésta la primera vez que viene a Inglaterra?/**Turista**   No, ésta es mi tercera visita. Vine aquí en el año 1980 por primera vez y al año siguiente volví otra vez./**Entrevistadora**   ¿Qué le parece a Vd. Londres?/**Turista**   Creo que es una ciudad muy bonita. Me gusta muchísimo. Es una ciudad cosmopolita y con una vida cultural muy rica./**Entrevistadora**   ¿Qué es lo que más le gusta de la ciudad?/**Turista**   Bueno, sus parques, sus monumentos y, naturalmente, sus espectáculos. Me parecen estupendos. Yo soy un gran aficionado al teatro y creo que el teatro inglés es uno de los mejores./**Entrevistadora**   ¿Hay algo que no le gusta de Londres?/**Turista**   Pues sí. Me parece una ciudad muy cara, especialmente los hoteles, la comida y el transporte. Son carísimos y eso, claro, para el turista es un problema serio./**Entrevistadora**   ¿Piensa Vd. volver a Londres?/**Turista**   Espero que sí./**Entrevistadora**   Muchas gracias, señor, y felices vacaciones./**Turista**   Gracias. Adiós./**Entrevistadora**   Adiós.

Comprehension 2

1 They think that engineering is a man's profession. 2 They are seen more as women than professional people. 3 Job opportunities can be limited by distrust. 4 She identifies fully with her profession and likes it. 5 Yes, but women should not forget the fact that they are women. 6 Not at top levels. 7 To take on the same posts as men. 8 It is easier to get on with people, and it can be easier to obtain information. 9 Top oil jobs go to men.

Exercise 5

1 He recommends a flat because it is safer than a house and rents are more reasonable. He also recommends the coastal area because it is quieter, although rents are a little more expensive. 2 In the centre flats are cheaper but there is more noise and pollution.

Exercise 6

1 Estoy hablando con mi jefe. 2 Estoy tomando café con un cliente. 3 Estoy mirando el periódico. 4 Ana está respondiendo a una carta. 5 Luis está comiendo con un colega. 6 Están cambiando dinero.

Exercise 7

Model
Necesito despacho./Dos habitaciones amuebladas 60 m^2./Con teléfono, aire acondicionado, aseo y aparcamiento./Debe estar cerca del aeropuerto./Llamar al teléfono Nº ...

Consolidation

In reply to your letter of 17 September, we have much pleasure in informing you that we are studying the conditions that you offer us for the purchase of new equipment.
In general, the conditions and guarantees that you propose seem satisfactory to us and we do not think there will be any problem in carrying out this operation ...

UNIT 12

Exercise 1

Voy a enviar la convocatoria.../Voy a escribir a la papelería.../Voy a llamar a la agencia de viajes.../Voy a llamar al servicio de averías.../Voy a telefonear al Hotel Don Quijote...

Exercise 2

With reference to delivery of shoes, order No. RZ6/58324/MQ, we regret we are unable to despatch the whole order before the end of June, owing to industrial action. We hope to make a partial delivery by mid-June. Kindly confirm if this is acceptable.

Exercise 3

Possible answer:
Agradecemos fax de fecha (*date*). Rogamos confirmar fecha exacta entrega parcial y cantidades. Esperamos recibir saldo del pedido antes mediados de junio.

Exercise 4

1 He will leave on 5 August. **2** He will arrive on the 6th, at 18.30. **3** He will stay at the Hotel Simón Bolívar. **4** He will travel to Bogotá. **5** He will go to Quito. **6** He will return to London on 18 August.

Exercise 5

This is to inform you of my next trip to London. I will leave Buenos Aires on 15 October and will arrive at Heathrow airport at 20.15 on the 16th. I will go straight to the Hotel Park where I have a room booked. I hope to be in London for a week before going on to Paris …

Comprehension 1

Destination:	Caracas	Bogotá	Lima
Dates:	2–7 Feb	8–9 Feb	10–12 Feb
Accommodation:	Bolívar	Los Andes	Inca
Notes:	1 day Maracaibo	—	Not confirmed

Destination:	Santiago	Buenos Aires	
Dates:	12–16 Feb	17–20 Feb	
Accommodation:	Friends	La Plata	
Notes:	Figueroa 37 30 14	Home from here	

Transcript
Isabel Buenas tardes./**Representante** Buenas tardes, Isabel. Quisiera informarle sobre mis planes de viaje a Sudamérica, en caso de que necesite ponerse en contacto conmigo. Pues bien, voy a salir de aquí el 2 de febrero. Mi primera escala es Caracas, donde voy a estar cinco días, del 2 al 7 de febrero. Pienso dejar un día para visitar Maracaibo. En Caracas voy a alojarme en el Hotel Bolívar. De Caracas voy a viajar a Bogotá. Mis planes son estar allí dos días solamente, es decir, el 8 y el 9. Tengo una habitación reservada en el Hotel Los Andes. El 10 de febrero salgo para Lima. La reserva de hotel todavía no está confirmada, pero espero quedarme en el Hotel Inca, los días 10, 11 y 12. El mismo día 12 por la noche me voy a Santiago de Chile. Allí voy a estar en casa de unos amigos chilenos, el señor y la señora Figueroa. Su número de teléfono es el 37 30 14. El vuelo de Santiago a Buenos Aires aún no está confirmado, pero es probable que sea para el 16. Mi intención es estar en Buenos Aires desde el 17 hasta el 20 y volver aquí el día 21. Allí tengo una reserva en el Hotel La Plata.

Comprehension 2

1 a) False (Sale aproximadamente el 30%.) **b)** True **c)** False (Se inclinan por el viaje organizado.) **d)** True
2 a) 50 millones aproximadamente. **b)** Francia es el primer país. **c)** Las costas, especialmente el Mediterráneo. **d)** Palma de Mallorca.

Exercise 6

Model
A ¿Adónde vas a ir en tus vacaciones?/**B** Voy a ir a (place)./**A** ¿Y por cuánto tiempo vas?/¿Cuánto tiempo te vas a quedar?/**B** Voy por (duration)/Voy a

quedarme (duration)./**A** ¿Cuándo te vas?/**B** Me voy (date)./**A** ¿Y cómo vas?/
B En (means of transport)./**A** ¿Dónde te vas a quedar?/**B** Me voy a quedar en
(place)./**A** ¿Y cuándo vas a volver?/**B** Voy a volver/Vuelvo (date).

Exercise 7

1 They will arrive on Tuesday 29th at 4.15 p.m. **2** They will phone to confirm the
time of their first meeting. **3** He suggests Wednesday morning at 10.00 or 10.30.
4 They will be in Manchester for only one day. **5** You could meet them again on
Tuesday afternoon/evening or Wednesday morning.

Exercise 8

haremos/será/pensamos/llamaremos/habrá.

Consolidation

Lo siento, pero estoy muy ocupado (*or* ocupada). A las 9.00 tendré una reunión
con un cliente de Túnez, luego tendré que ir al banco, y a las 12.30 iré al
aeropuerto a buscar a mi marido/mujer que viene de Nueva York.
Desafortunadamente no tengo tiempo para tomar café contigo./No puedo. Voy a
quedarme en la oficina para terminar un informe, y a las 18.30 llamaré por
teléfono (*or* telefonearé) a un cliente en México./Sí, mañana quizá.

UNIT 13

Exercise 1

Model
Recepcionista Unipalanca, muy buenos días./**Cliente** Buenas tardes.
Quisiera hablar con el señor John Caytan./**Recepcionista** ¿Quién habla?/
Cliente El señor González./**Recepcionista** Bueno, el señor Caytan no está.
Está en España./**Cliente** ¡Qué lástima! ¿Cuándo se fue?/**Recepcionista** Creo
que se fue la semana pasada./**Cliente** ¿Sabe usted cuándo volverá?/
Recepcionista Regresará el lunes 2 de octubre. ¿Quiere dejar algún
recado?/**Cliente** No es necesario. Volveré a llamar el próximo lunes./
Recepcionista Muy bien.

Exercise 2

Muchas gracias./Sí, vengo de Río./El viaje fue excelente, pero estoy un poco
cansado (*or* cansada)./Sí, me gustó mucho. Río es una ciudad muy bonita y la
gente es simpática. ¿Y qué tal todo en Buenos Aires?/¡Qué lástima!/Me alegro
mucho. Es una buena noticia.

Exercise 3

Possible version of the message:
Peter Johnson dejó una nota (*or* un recado) para ti. Dice que quiere hablar
contigo. Es muy importante. Está trabajando en la oficina 410.

Exercise 4

1 Llamó la señora María Alonso. Dice que está en Londres y que quiere ponerse
en contacto contigo. Está en el Hotel Plaza, en la habitación 55.
2 El técnico estuvo en la oficina esta mañana. Vino a ver el ordenador. Dice que
lo reparará mañana.

Comprehension 1

Transcript
1 Jefe ¿Llamó Vd. a nuestra oficina en Buenos Aires?/**Secretaria** Sí, señor
Amor, llamé la semana pasada y les di su recado./**Jefe** Estupendo. ¿Escribió
Vd. a nuestro representante en Londres?/**Secretaria** Sí señor, le escribí
anteayer y le envié los documentos./**Jefe** ¡Perfecto! ¿Hizo Vd. la reserva para
mi viaje a París?/**Secretaria** Sí, la hice ayer por la tarde. Está
confirmada./**Jefe** ¡Qué bueno! ¿Envió Vd. las flores a mi mujer?/**Secretaria**
Sí señor Amor, se las envié el lunes, como Vd. me ordenó./**Jefe** Estupendo.
¿Recibiste mi carta Dolores?/**Secretaria** Sí Juan, la recibí hace dos días. Me
gustó mucho. ¡Eres muy romántico!

2 México

El presidente de la República regresó hoy a México después de una visita de tres días a Washington. Según expresó el presidente mexicano a la prensa a su llegada al aeropuerto esta tarde, el propósito de su visita a Washington fue establecer las bases para un acuerdo de libre comercio entre Estados Unidos y México.

Argentina

Miles de trabajadores salieron ayer a las calles de Buenos Aires para protestar por la reducción de personal en varias empresas estatales. La nueva política económica del gobierno pretende reducir el déficit fiscal y dar un nuevo impulso a la economía de este país sudamericano.

Chile

Una misión comercial mexicana llegó ayer por la noche a la capital chilena para entrevistarse con autoridades y empresarios de ese país hermano. El motivo de esta visita es promover un mayor intercambio comercial entre los dos países y establecer empresas conjuntas, con capitales chilenos y mexicanos. Chile, cuya economía es una de las más sólidas del continente, posee grandes riquezas minerales y exporta gran cantidad de productos agrícolas.

México

Las exportaciones de productos manufacturados experimentaron un aumento del 8 por ciento en los últimos doce meses, según declaró hoy el ministro de Industria y Comercio, al inaugurar la X Feria Industrial de Monterrey…

Comprehension 2

1 1 January 1986. **2** It had to carry out a series of changes to adapt to EC practice. **3** It caused serious conflict between workers and government. **4** The high rate of economic growth of recent years. **5** 1977. **6** 1 April of the same year.

Exercise 5

A ¿Dónde fuiste en tus vacaciones?/**B** Fui a (place)./**A** ¿Con quién fuiste?/**B** Fui con (person)./**A** ¿Cuánto tiempo estuviste allí?/**B** Estuve allí (duration)./**A** ¿Y dónde te quedaste?/**B** Me quedé en (place)./**A** ¿Te gustó el lugar?/**B** Sí, me gustó (mucho)/No me gustó./**A** ¿Cuándo volviste?/**B** Volví (date).

Exercise 6

Model

The applicant is writing in reply to the advertisement in *The European* of 4th May requesting a bilingual secretary and she encloses her application for the post.

She is British, her parents are Spanish and she is twenty-four years old. During her childhood she lived in Spain for four years, so she can understand and speak Spanish perfectly well.

She did a bilingual secretarial course in West College, in London, where she also studied Spanish and French.

After completing her studies she worked as a PA for two years with Davies Wine Merchants Ltd., a company that imports wines and spirits. Here she had experience of business Spanish and word processing ...

Exercise 7

llegó/empezó/hizo/escribió/llamó/fue/bebió/regresó/vino/recibió.

Consolidation

es/solicitaron/fueron/fue/son/esperamos/será.